HARRAP'S
GUIDE DE CONVERSATION
Français-Turc

par
LEXUS
avec
Memduha Tee

D1202950

HARRAP
London and Paris

First published in Great Britain 1989
by HARRAP BOOKS LTD
19-23 Ludgate Hill London EC4M 7PD

© *Harrap Books Ltd/Lexus Ltd* 1989

ISBN 0 245-54757-6

Printed in Great Britain by
Richard Clay (The Chaucer Press) Ltd,
Bungay, Suffolk

TABLE DES MATIERES

Les expressions et les phrases proposées dans ce guide actuel vous permettront de vous exprimer lors de votre séjour en Turquie. Chaque rubrique se compose d'un vocabulaire de base, d'une sélection de phrases utiles ainsi que d'une liste de mots et d'expressions courantes que vous pourrez voir ou entendre en Turquie (panneaux, renseignements, indications, directions etc.). Vous pourrez bien vous faire comprendre grâce aux indications très simples de prononciation spécialement adaptées pour les lecteurs français.

Ce guide vous propose un mini-dictionnaire français-turc et turc-français comportant, en tout, près de 5000 termes contemporains. Vous pourrez ainsi, en vous aidant des phrases données, converser plus librement et établir des contacts plus intéressants avec les habitants.

Les plaisirs de la table n'ont pas été oubliés, en effet la rubrique ''La Cuisine Turque'' vous donne une liste complète de plats typiques turcs (200 environ) expliqués en français.

Ce guide comporte aussi deux rubriques inédites; une sur les expressions familières et une autre qui vous fournira des informations touristiques sur la Turquie.

Nous vous souhaitons donc:

bol şanslar!
bole chane-slar
bonne chance !

et

iyi yolculuklar!
iyi yoldjoulouklar
bon voyage !

PRONONCIATION

Le système de prononciation des phrases données en turc dans ce guide utilise la prononciation du français pour reproduire les sons de la langue turque. Si vous lisez la prononciation de la même manière que les mots français, vous pourrez vous faire comprendre par un Turc.

Lorsque les lettres ou les syllabes sont données en caractères gras, il faut les prononcer de manière plus accentuée.

Dans la rubrique ''La Cuisine Turque'' et dans le mini-dictionnaire turc-français, nous avons suivi l'ordre alphabétique turc qui diffère du français de la manière suivante : c, ç ; g, ğ ; ı, i ; o, ö ; s, ş ; u, ü.

Pour vous aider à déchiffrer le turc :

c	se prononce 'dj'
ç	se prononce 'tch'
ı	se prononce comme un 'eu' très bref, venant du fond de la gorge
ö	se prononce 'eu'
ş	se prononce 'ch'
ü	se prononce 'u'

Notez que le 'ğ' n'a rien à voir avec le son 'g' ; le 'ğ' est utilisé pour allonger la durée de la voyelle précédente.

salut
merhaba
mère-наba

salut (*au revoir*)
hoşça kal
носhe-dja kale

bonjour
günaydın
gunaille-deune

bonsoir
iyi akşamlar
iyi akchame-lar

bonne nuit
iyi geceler
iyi guèdjèlère

enchanté
tanıştığımıza memnun oldum
taneuche-teu-meuza mème-noune oldoume

au revoir
(*dit par la personne qui part*) Allaha ısmarladık
allaна euche-marladeuk

(*dit par la personne qui reste*) güle güle
gulè gulè

à bientôt
görüşürüz
gueuruchuruze

oui/non
evet/hayır, yok
èvète/наyeur yok

oui, volontiers
evet lütfen
èvète lutfène

VOCABULAIRE DE BASE

non merci
hayır, teşekkür ederim
Hayeur tèchèkkur èdèrime

s'il vous plaît
lütfen
lutfène

merci
teşekkür ederim; (*mot familier*) sağol
tèchèkkur èdèrime; sa-ole

merci beaucoup
çok sağol
tchok sa-ole

il n'y a pas de quoi
birşey değil
birché dèile

excusez-moi
özür dilerim
euzur dilèrime

comment ?
efendim?
èfène-dime

comment allez-vous ?
nasılsınız?
nasseule-seuneuze

très bien merci
iyiyim, teşekkür ederim
iyiyime tèchèkkur èdèrime

et vous-même ?
ya siz?
ya size

pardon Monsieur/Madame
affedersiniz
affèdèrsinize

c'est combien ?
kaça?
katcha

VOCABULAIRE DE BASE

je peux regarder ?
görebilir miyim?
gueurèbilir miyime

puis-je avoir ... ?
... verir misiniz?
... vèrir missinize

j'aimerais ...
... istiyordum
... istiyordoume

où est ...?
... nerede?
... nèrèdè

ce n'est pas ...
... değil
... dèïle

c'est ... ?
... mi?
... mi

y a-t-il ... ici ?
burada ... var mı?
bourada ... var meu

pourriez-vous répéter ?
tekrar söyler misiniz?
tèkrar seuye-lère missinize

pourriez-vous parler plus lentement, s'il vous plaît ?
lütfen daha yavaş konuşur musunuz?
lutfène daнa yavache konouchour moussounouze

je ne comprends pas
anlamadım
ane-lamadeume

d'accord
peki
pèki

allons-y !
hadi, gidelim!
нadi guidèlime

VOCABULAIRE DE BASE

comment vous appelez-vous ?
adınız ne?
adeuneuze nè

comment ça s'appelle en turc ?
Türkçesi ne?
turk-tchèssi nè

ça va très bien
böyle iyi
beuye-lè iyi

00	toilettes
açık	ouvert
basınız	appuyer
bayanlar	dames
baylar	hommes
boş	libre
çekiniz	tirer
çimenlere basmayınız	ne pas marcher sur la pelouse
çöp atmayınız	dépôt d'ordures interdit
dokunmayınız	ne pas toucher
içilmez	non potable
itiniz	pousser
kapalı	fermé
kiralık	à louer
meşgul	occupé
taze boya	peinture fraîche
tuvalet	toilettes
yasak	interdit
yüz numara	toilettes

LE VOYAGE

aéroport	hava alanı *Hava alaneu*
avion	uçak *outchak*
bagages	bagaj *bagaje*
car	otobüs *otobusse*
couchette	yataklı *yatakleu*
docks	doklar *doklar*
ferry	feribot *fèribote*
gare	istasyon *istasse-yone*
port	liman *limane*
porte (à l'aéroport)	kapı *kapeu*
réserver une place	yer ayırtmak *yère ayeurte-mak*
taxi	taksi *taxi*
train	tren *trène*

un billet pour . . .
. . .'a bir bilet
. . .-a bir bilète

j'aimerais réserver une place
bir yer ayırtmak istiyordum
bir yère ayeurte-mak istiyordoume

fumeurs/non-fumeurs, s'il vous plaît
sigara içilen/sigara içilmeyen lütfen
sigara itchilène/sigara itchilmé-ène lutfène

une place près de la fenêtre, s'il vous plaît
pencere kenarı lütfen
pène-djèrè kènareu lutfène

de quel quai part le train pour . . . ?
. . . treni hangi perondan kalkıyor?
. . . trèni Hane-gui pèrone-dane kalkeu-yor

à quelle heure est le prochain vol ?
bir daha ne zaman uçak var?
bir daHa nè zamane outchak var

11

LE VOYAGE

c'est bien le train pour ... ?
... treni bu mu?
... trèni bou mou

cet autobus va-t-il à ... ?
bu otobüs ...'a gider mi?
bou otobusse ...-a guidère mi

cette place est libre ?
bu yer boş mu?
bou yère boche mou

est-ce que je dois changer (de train) ?
aktarma yapmam lazım mı?
aktarma yape-mame lazeume meu

c'est bien cet arrêt pour ... ?
... durağı bu mu?
... douraн-eu bou mou

ce billet va bien ?
bu bilet tamam mı?
bou bilète tamame meu

je voudrais changer mon billet
biletimi değiştirmek istiyorum
bilètimi dèïchtirmèk istiyoroume

merci de votre hospitalité
konukseverliğiniz için çok teşekkürler
konouk-sèvèrli-inize itchine tchok tèchèkkurlère

c'est vraiment gentil d'être venu me chercher
beni karşılamaya geldiğiniz için çok teşekkürler
bèni karcheu-lamaya guèldi-inize itchine tchok tèchèkkurlère

nous voici donc à ...
işte ...-deyiz
ichtè ...-dèïze

> **gümrüğe tabi bir şeyiniz var mı?**
> *gume-ruè tabi bir chéïnize var meu*
> rien à déclarer ?

çantanızı açar mısınız, lütfen?
tchane-teuneuzeu atchar meusseuneuze lutfène
ouvrez votre valise, s'il vous plaît

bagaj alma yeri	réclamation des bagages
bagaj kaydı	enregistrement
bagaj kayıt masası	bureau d'enregistrement
bagaj kontrolü	contrôle des bagages
biniş kartı	carte d'embarquement
çek-in	enregistrement
çıkış kapısı	porte
danışma	renseignements
dış hatlar	vols internationaux
el bagajı	bagage à main
emniyet kemerlerinizi bağlayınız	attachez vos ceintures
enformasyon	bureau d'information
gecikmeli	en retard
giden yolcular salonu	salle d'embarquement
gümrük	douane
gümrüksüz	hors-douane
havaalanı	aéroport
havayolu	ligne aérienne
iç hatlar	vols domestiques
iniş	atterrissage
iptal edildi	annulé
kalkış	départ
pasaport kontrolü	contrôle des passeports
sefer	vol
seferden kaldırıldı	annulé
sigara içenler	fumeurs
sigara içmeyenler	non-fumeurs
varış	arrivée
yolcular	passagers
yeşil kart	carte verte

LE LOGEMENT

avec salle de bain	banyolu	*bane-yolou*
balcon	balkon	*balkone*
chambre	oda	*oda*
chambre pour deux personnes	iki kişilik oda	*iki kichilik oda*
chambre pour une personne	tek kişilik oda	*tèk kichilik oda*
clé	anahtar	*anatar*
déjeuner	öğle yemeği	*eulè yèmèi*
dîner	akşam yemeği	*akchame yèmèi*
douche	duş	*douche*
hôtel	otel	*otèle*
lit	yatak	*yatak*
nuit	gece	*guèdjè*
pension	pansiyon	*pane-si-yone*
petit déjeuner	kahvaltı	*kavalteu*
réception	resepsiyon	*rèssèpsi-yone*
salle à manger	yemek salonu	*yèmèk salonou*
salle de bain particulière	özel banyo	*euzèle bane-yo*

avez-vous une chambre pour une nuit ?
bir gece için bir odanız var mı?
bir guèdjè itchine bir odaneuze var meu

avez-vous une chambre pour une personne ?
bir kişilik bir odanız var mı?
bir kichilik bir odaneuze var meu

avez-vous une chambre pour deux personnes ?
iki kişilik bir odanız var mı?
iki kichilik bir odaneuze var meu

nous aimerions louer une chambre pour une semaine
bir haftalığına bir oda kiralamak istiyorduk
bir Haftaleu-euna bir oda kiralamak istiyordouk

LE LOGEMENT

je cherche une bonne chambre pas chère
iyi, ucuz bir oda arıyorum
iyi oudjouze bir oda areu-yoroume

j'ai réservé
yer ayırtmıştım
yère ayeurte-meusteume

c'est combien ?
ne kadar?
nè kadar

pourrais-je voir la chambre, s'il vous plaît ?
odayı görebilir miyim, lütfen?
odayeu gueurèbilir miyime lutfène

est-ce que le petit déjeuner est inclus dans le prix ?
kahvaltı dahil mi?
kavalteu daнile mi

une chambre avec vue sur la mer
denize bakan bir oda
dènizè bakane bir oda

nous aimerions rester encore une nuit
bir gece daha kalmak istiyorduk
bir guèdjè daнa kalmak istiyordouk

nous arriverons tard le soir
orada geç saatte olacağız
orada guètche sa-atè oladja-euze

pourriez-vous préparer ma note, s'il vous plaît ?
hesabımı çıkarır mısınız lütfen?
нèssabeumeu tcheukareur meusseuneuze lutfène

je vais payer comptant
nakit ödeyeceğim
nakite eudé-èdjèime

vous acceptez les cartes de crédit ?
kredi kartıyla ödeyebilir miyim?
krèdi karteuye-la eudé-èbilir miyime

pouvez-vous me réveillez à 6 heures 30 demain matin ?
beni sabah 6.30 da kaldırır mısınız?
bèni saba alteu otaoze da kaldeureur meusseuneuze

15

LE LOGEMENT

à quelle heure servez-vous le petit déjeuner/dîner ?
kahvaltı/akşam yemeği kaçta veriliyor?
kavalteu/akchame yèmèï katche-ta vèriliyor

pouvons-nous prendre le petit déjeuner dans la chambre ?
kahvaltıyı odamızda edebilir miyiz?
kavalteu-yeu odameuzda èdèbilir miyize

merci de nous avoir hébergés
bizi konuk ettiğiniz için teşekkürler
bizi konouk èti-inize itchine tèchèkkurlère

asansör	ascenseur
banyo	bain
birinci kat	premier étage
boş	chambres libres
dolu	complet
duş	douche
giriş holü	foyer
iki kişilik oda	chambre pour deux personnes
ikinci kat	deuxième étage
kat	étage
kiralık oda	chambres à louer
klima	air conditionné
komple kahvaltı	petit déjeuner complet
müdür	directeur
oda numarası	numéro de la chambre
oda servisi	service des chambres
öğle yemeği	déjeuner
pansiyon	chambre/lit chez l'habitant
sıcak/soğuk su	eau chaude/froide
tam pansiyon	pension complète
yangın çıkışı	sortie en cas d'incendie
yangın söndürme aleti	extincteur
yarım pansiyon	demi-pension
yemek salonu	salle à manger

AU RESTAURANT

boisson	içki *itchki*
dessert	tatlılar *tatleular*
entrée	meze *mèzè*
garçon	garson *garsone*
manger	yemek *yèmèk*
menu	yemek listesi *yèmèk listèssi*
note	hesap *Hèssape*
nourriture	yiyecek *yiyèdjèk*
pourboire	bahşiş *bachiche*
restaurant	lokanta *lokane-ta*
salade	salata *salata*
serveuse	garson kız *garsone keuze*
service	servis *sèrvisse*

une table pour trois, s'il vous plaît
üç kişilik bir masa, lütfen
utche kichilik bir massa lutfène

j'aimerais voir le menu
yemek listesini görebilir miyim?
yèmèk listèssini gueurèbilir miyime

nous aimerions commander
yemek siparişimizi vermek istiyorduk
yèmèk siparichimizi vèrmèk istiyordouk

qu'est-ce que vous recommandez ?
ne tavsiye edersiniz?
nè tave-siyè èdèrsinize

j'aimerais . . . , s'il vous plaît
bana . . . lütfen
bana . . . lutfène

garçon !/mademoiselle !
garson!/garson hanım!
garsone/garsone Haneume

17

AU RESTAURANT

l'addition s'il vous plaît
hesabı getirir misiniz, lütfen
нèssabeu guètirir missinize lutfène

deux crèmes s'il vous plaît
iki sütlü neskafe, lütfen
iki sutlu nèskafè lutfène

c'est pour moi
o, bana
o bana

encore un peu de pain s'il vous plaît
biraz daha ekmek, lütfen
biraze daнa èkmèk lutfène

une bouteille de vin rouge/blanc s'il vous plaît
bir şişe kırmızı/beyaz şarap, lütfen
bir chichè keurmeuzeu/béyaze charape lutfène

balık lokantası	restaurant — spécialité poisson
bozacı	café — spécialité boissons à base de millet fermenté
büfe	snack bar
çay bahçesi	café avec terrasse
gazino	restaurant avec animation
işkembeci	restaurant — spécialité soupe de tripes
kebabçı	restaurant où l'on mange de la viande
kendin pişir-kendin ye	restaurant de grillades self-service
lahmacuncu	restaurant — spécialité pains fourrés à la viande épicée
lokanta	restaurant
muhallebici	café — spécialité desserts à base de farine de riz
pastane	café pâtisserie
pideci	restaurant — spécialité pittas fourrées au choix
servis dahildir	service compris
servis ücreti	service

LA CUISINE TURQUE

(voir aussi le dictionnaire)

Adana kebabı boulettes de viande chaudes épicées
alabalık truite
Arnavut ciğeri foie à 'l'Albanaise', frit et épicé servi
  avec des oignons
aşure 'le dessert de Noah' – dessert au blé, aux noix et
  aux fruits secs
baklava pâtisserie feuilletée fourrée aux noix et au
  sirop
balık pilaki poisson cuit avec des pommes de terre,
  des carottes, du céleri et des oignons
barbunya pilakisi haricots secs cuits dans de l'huile
  d'olive, servis froids ou chauds
barbunya tava rouget frit
beyaz peynirli makarna nouilles à la feta
beyin salatası salade de tête
beyin tava beignet de cervelle
böbrek sote rognons sautés
börek crêpe feuilletée fourrée au fromage/à la
  viande/aux épinards
bulgur pilavı pilpil de blé cuit aux tomates
Bursa kebabı viande d'agneau grillée servie dans une
  pitta avec de la sauce tomate et du yaourt
bülbül yuvası dessert aux noix et au sirop
ciğer sarması foie haché enveloppé dans de la graisse
  d'agneau
ciğer tava foie frit
Çerkez tavuğu poulet 'Circassien' froid dans une
  sauce aux noix et à l'ail
çılbır œufs pochés au yaourt
çiğ köfte boulettes de viande crue : plat à base de
  viande hachée, de blé pilé et de piments
çiroz maquereau saur
çoban salatası salade composée de tomates, de
  poivrons, de concombres et d'oignons
çöp kebabı brochettes d'agneau
dana rozbif rôti de veau

LA CUISINE TURQUE

dil langue de bœuf

dilber dudağı pâtisserie fine fourrée aux noix

domatesli pirinç çorbası soupe de riz et de tomates

domates salçalı patlıcan kızartması aubergines frites dans une sauce à la tomate et à l'ail

döner kebab agneau grillé à la broche et servi en tranches fines, avec du riz et de la salade en général

düğün çorbası soupe 'de mariage' à base de bouillon de viande, de yaourt et d'œuf

ekmek kadayıfı gâteau

etli Ayşe kadın viande aux haricots verts

etli bezelye râgout de viande aux petits pois

etli biber dolması poivrons farcis au riz et à la viande

etli bulgur pilavı pilpil de blé à la viande

etli domates dolması tomates farcies à la viande et au riz

etli kabak dolması courgettes farcies à la viande et au riz

etli kapuska râgout de chou et de viande

etli kuru fasulye agneau et flageolets à la sauce tomate

etli lahana dolması feuilles de chou farcies à la viande et au riz

etli nohut râgout de pois chiches et de viande

etli yaprak dolması feuilles de vigne farcies au riz et à la viande

ezo gelin çorbası soupe de lentilles et de riz

fasulye pilaki haricots secs à l'huile d'olive

fasulye piyazı salade de haricots secs et d'oignons

fava purée de fèves

güllaç gaufrettes de riz aux noix, cuites dans un sirop laiteux parfumé à la rose

güveç râgout de viande et de légumes

hanım parmağı 'Doigts de Dames' — gâteaux au sirop en forme de bâtonnet

haşlanmış yumurta œuf poché

havuç salatası salade de carottes râpées

helva confiserie faite à partir de céréales, de noix, d'huile de sésame et de miel

hindi dolması dinde farcie

hoşaf compote de fruits

hünkar beğendi 'Délice du Sultan' — agneau servi avec une purée d'aubergines

LA CUISINE TURQUE

ıspanaklı börek feuilleté aux épinards

ızgara balık poisson grillé

ızgara köfte boulettes de viande grillées

içli köfte boulettes de viande farcies au pilpil

iç pilav riz aux pignons, aux oignons et aux raisins de Corinthe

imam bayıldı aubergine farcie aux tomates et aux oignons, servie froide avec de l'huile d'olive

irmik helvası helva à la semoule

islim kebabı brochette à la vapeur

işkembe çorbası soupe de tripes

kabak kızartması courgettes frites

kabak tatlısı potiron au sirop et aux noix

kadın budu köfte 'Cuisse de Dame' — croquettes de viande et de riz

kadın göbeği 'Nombril de Dame' — pâtisserie ronde au sirop

kağıt kebabı agneau et légumes en papillote

kağıtta barbunya rouget grillé en papillote

karışık dondurma assortiment de glaces

karışık ızgara assortiment de grillades

karışık salata assortiment de salades

karides tavası beignets de crevettes

karnıbahar tavası chou-fleur frit

karnıyarık aubergine farcie à la viande

kaşar peynirli makarna nouilles au 'kaşar', fromage doux à pâte jaune

kazan dibi dessert au caramel

kefal pilakisi rouget cuit à l'huile d'olive et aux légumes

kereviz céleri

keşkek agneau au blé

keşkül gâteau aux amandes

kılıç ızgara espadon grillé

kılıç şiş brochette d'espadon

kırmızı mercimek çorbası soupe de lentilles rouges

kısır pilpil et paprika

kış türlüsü râgout de légumes d'hiver

kıymalı avec de la viande hachée

kıymalı pide pitta fourrée à la viande hachée

kıymalı yumurta œufs à la viande hachée

LA CUISINE TURQUE

koç yumurtası 'œufs de bélier' − plat préparé à partir de testicules de bélier

kokoreç tripes d'agneau grillées à la broche

komposto compote froide de fruits

kuru köfte boulettes de viande frites

kuru yemiş fruits secs et noix

kuskus pilavı couscous à la viande en général

kuzu fırında rôti de gigot d'agneau

kuzu kapama agneau servi avec une salade verte

kuzu pirzolası côtes d'agneau grillées

lahana dolması feuilles de chou farcies

lahmacun pain fourré à la viande épicée

levrek poisson : bar

lüfer poisson, sorte de maquereau

maden suyu eau minérale

mantar champignons

mantı sorte de ravioli

maydanoz persil

menba suyu eau de source

menemen omelette aux tomates et aux poivrons

mercan poisson : brème

mersin balığı esturgeon

meşrubat boissons non-alcoolisées

meyva suyu jus de fruit

midye dolması moules farcies

midyeli pilav riz servi avec des moules

midye pilakisi salade de moules à l'huile et aux légumes

midye tavası moules frites

muhallebi gâteau à la farine de riz et à l'eau de rose

muska böreği triangles de pâte feuilletée fourrés au fromage, au persil etc

mücver petit pâté de légumes

nemse böreği friand à la viande

nohutlu paça pieds d'agneau aux pois chiches

nohutlu yahni agneau et pois chiches

orman kebabı veau ou agneau d'abord séché puis cuit avec des légumes

paça çorbası soupe de pieds d'agneau

palamut thon

pancar turşusu betterave au vinaigre

pastırma bœuf fumé au cumin et à l'ail
pastırmalı yumurta œufs fris au 'pastırma'
patates kızartması frites
patates köftesi boulettes de pommes de terre et de
  fromage
patates püresi pommes de terre à la crème
patates salatası salade de pommes de terre
patlıcan kebabı aubergines enveloppées autour de
  morceaux de viande et cuites au four
patlıcan kızartması aubergines frites dans une sauce à
  l'ail
patlıcanlı pilav riz aux aubergines
patlıcan salatası purée d'aubergine
pavurya crabe
peynirli omlet omelette au fromage
peynirli pide pitta au fromage
peynir tatlısı petit gâteau au fromage blanc et au sirop
pilavlı tavuk poulet et riz
piliç ızgarası poulet grillé
pisi balığı poisson : plie
poğaça feuilletés à la viande ou au fromage
puf böreği feuilletés à la viande ou au fromage
revani gâteau à la semoule
roka sorte de cresson
rus salatası salade Russe
sahanda yumurta œufs frits
sahlep boisson faite à partir de racine de 'sahlep', de
  lait et de cannelle
salça sauce ou purée de tomate
salçalı köfte boulettes de viande à la sauce tomate
saray lokması beignet au sucre
sarığı burma 'Turban Roulé' — 'baklava' en forme de
  turban
sebze çorbası soupe de légumes
semizotu pourpier — aromate utilisé dans les salades
  et les râgouts
sigara böreği roulé frit fourré au fromage, au persil etc
soğan dolması oignons farcis
su böreği feuilleté
su muhallebisi gâteau de farine de riz et parfumé à la
  rose

LA CUISINE TURQUE

supanglez gâteau au chocolat

sütlaç gâteau de riz

şam tatlısı dessert au sirop

şehriye çorbası soupe de vermicelles au citron

şehriyeli pilav pilav aux vermicelles

şekerpare petits gâteaux au sirop

şiş kebabı brochettes d'agneau

şiş köfte brochettes de boulettes de viande

talaş kebabı agneau en croûte

tarama pâté d'œufs de poissons

tarator sauce aux noix et à l'ail

taratorlu karnıbahar chou-fleur aux noix et à l'ail

tarhana çorbası soupe traditionnelle au yaourt, à la tomate et aux piments

tas kebabı émincé d'agneau au riz

tatar böreği ravioli

tavuk çorbası soupe de poulet

tavuk göğsü gâteau de blancs de poulet — un dessert crémeux fait de farine de riz et de poulet haché très

tel kadayıfı blé pilé aux noix et au sirop fin

terbiyeli haşlama agneau bouilli servi avec une sauce à l'œuf et au citron

terbiyeli köfte boulettes de viande avec une sauce à l'œuf et au citron

tulumba tatlısı beignet de semoule au sirop

türlü râgout de légumes et de viande

uskumru dolması maquereau farci

yahni râgout de viande aux oignons

yayla çorbası soupe au yaourt

yoğurtlu kebap brochette servie dans une pitta avec du yaourt

yoğurtlu paça pieds d'agneau servi avec du yaourt et de l'ail

yoğurt tatlısı gâteau au yaourt et au sirop

yumurta œuf

zerde dessert à base de riz et de safran

zeytinyağlı enginar artichauts à l'huile d'olive

zeytinyağlı pırasa poireaux à l'huile d'olive

zeytinyağlı taze bakla fèves fraîches à l'huile d'olive

zeytinyağlı yeşil fasulye haricots cuits avec des tomates et de l'huile d'olive

bar	bar *bar*
bière	bira *bira*
blanc	beyaz *béaze*
citron pressé	limonata *limonata*
coca-cola (R)	koka kola *koka kola*
doux	tatlı *tatleu*
gin-tonic	cin-tonik *djine-tonik*
glace	buz *bouze*
limonade	gazoz *gazoze*
orange pressée	taze portakal suyu *tazè portakal souyou*
rouge	kırmızı *keurmeuzeu*
sec	sek *sèk*
vin	şarap *charape*
vodka	vodka *vodka*
whisky	viski *viski*

allons prendre un verre
hadi gidip bir içki içelim
Hadi guidipe bir itchki itchèlime

une bière, s'il vous plaît
bir bira, lütfen
bír bira lutfène

deux bières, s'il vous plaît
iki bira, lütfen
iki bira lutfène

un verre de vin rouge/blanc
bir kadeh kırmızı/beyaz şarap
bir kadè keurmeuzeu/béaze charape

avec beaucoup de glace
bolca buzlu
boldja bouzlou

25

AU BISTRO

sans glace, s'il vous plaît
buz istemez, sağol
bouze istèmèze sa-ole

je peux en avoir un autre ?
bir tane daha getirir misiniz?
bir tanè daна guètirir missinize

la même chose, s'il vous plaît
yine aynısından, lütfen
yinè aye-neusseune-dane lutfène

qu'est-ce que tu prends ?
ne alırsın?
nè aleurseune

c'est ma tournée
bu sefer içkiler benden
bou sèfère itchkilère bène-dène

pas pour moi, merci
ben istemem, sağol
bène istèmème sa-ole

il est complètement bourré
zom olmuş
zome olmouche

açık çay	thé très léger
ayran	lait caillé
çayevi	salon de thé
demli çay	thé fort
kahve	café (*en général réservé aux hommes*)
maden suyu	eau minérale
neskafe	café instantané
orta şekerli kahve	café turc assez sucré
rakı	boisson nationale turque faite à partir de jus de raisin distillé et parfumée à l'anis
sade kahve	café turc sans sucre
sütlü kahve	café avec du lait
şekerli kahve	café turc sucré

QUELQUES EXPRESSIONS FAMILIERES

bourré	sarhoş *sarʜoche*
cinglé	kaçık *katcheuk*
crétin	dangalak *dane-galak*
dingue	deli *dèli*
imbécile	kalın kafa *kaleune kafa*
mec	herif *ʜèrif*
salaud	piç *pitche*

super !
harika!
ʜarika

quelle horreur !
berbat birşey!
bèrbate birché

ferme-la !
kapa çeneni!
kapa tchènèni

aïe !
ah!, ay!
ah aïe

miam miam!
ımmm
eummm

je suis complètement crevé
pestil gibiyim
pèstile guibiyime

j'en ai marre
bıktım
beukteume

j'en ai ras le bol de . . .
. . .-den bıktım
. . .-dène beukteume

27

tu plaisantes !
güldürme beni!
güldurmè bèni

c'est de la camelote
beş para etmez
bèche para ète-mèze

c'est du vol
tam bir kazık
tame bir kazeuk

tire-toi !
çek arabanı
tchèk arabaneu

c'est vraiment embêtant
bu tam bir baş belası
bou tame bir bache bèlasseu

c'est pas vrai !
hayret doğrusu!
наye-rète doroussou

Allah kahretsin!	zut !
aslan sütü	nom familier du 'raki', la boisson turque nationale
dünyalar benim oldu	c'était extra
eline sağlık!	bravo !
İnşallah	si Dieu le veut
kuş beyinli	tête de linotte
Maşallah!	quelle merveille !
sudan ucuz	donné, très peu cher (*lit : moins cher que l'eau*)

LES TRANSPORTS

billet	bilet *bilète*
billet aller	tek gidiş *tèk guidiche*
billet aller retour	gidiş-dönüş *guidiche-deunuche*
bus/car	otobüs *otobusse*
carte	harita *Harita*
changer (*de trains*)	aktarma *aktarma*
essence	benzin *bène-zine*
faire du stop	oto-stop yapmak *oto-stop yapmak*
gare	istasyon *istasse-yone*
métro	tünel *tunèle*
mobylette	moped *mopède*
moto	motosiklet *motossiklète*
station essence	benzinci *bène-zine-dji*
taxi	taksi *taxi*
train	tren *trène*
vélo	bisiklet *bissiklète*
voiture	araba *araba*

je voudrais louer une voiture/une mobylette
bir araba/moped kiralamak istiyordum
bir araba/mopède kiralamak istiyordoume

ça coûte combien par jour ?
günlüğü kaç lira?
gune-lu-u katche lira

quand dois-je ramener la voiture ?
arabayı ne zaman geri getirmeliyim?
arabayeu nè zamane guèri guètirmèliyime

ja vais à . . .
. . .'e gidiyorum
. . .è guidiyoroume

comment aller à . . .?
. . .'e nasıl giderim?
. . .è nasseule guidèrime

29

LES TRANSPORTS

REPONSES

dosdoğru, dümdüz
dosdo-rou, dume-duze
tout droit

sola/sağa dön
sola/sa-a deune
tournez à gauche/droite

işte şu bina
ichtè chou bina
c'est ce bâtiment-là

tam aksi yönde
tame axi yeune-dè
il faut revenir sur vos pas

soldan birinci/ikinci/üçüncü
soldane birine-dji/ikine-dji/utchune-dju
première/deuxième/troisième à gauche

je ne suis pas d'ici
buraların yabancısıyım
bouralareune yabane-djeu-seuyeume

est-ce sur mon chemin ?
yolumun üstünde mi?
yoloumoune ustune-dè mi

est-ce que je peux descendre ici ?
burada inebilir miyim?
bourada inèbilir miyime

merci beaucoup de m'avoir emmené
beni arabanıza aldığınız için teşekkürler
bèni arabaneuza aldeu-euneuze itchine tèchèkkurlère

deux aller retour pour . . ., s'il vous plaît
. . .'e iki gidiş-geliş, lütfen
. . .-è iki guidiche-guèliche lutfène

à quelle heure part le dernier car pour rentrer ?
dönüş için en son otobüs kaçta?
deunuche itchine ène sone otobusse katchta

LES TRANSPORTS

nous voulons partir demain et revenir après-demain
yarın gidip öbürsü gün dönmek istiyoruz
yareune guidipe eubussu gune deune-mèk istiyorouze

nous reviendrons dans la journée
aynı gün dönüyoruz
aye-neu gune deunu-yorouze

c'est bien ce quai/cet arrêt pour partir à ... ?
... peronu/durağı bu mu?
... pèronou/doura-eu bou mou

ce car va bien à ... ?
bu otobüs ...'e gidiyor mu?
bou otobusse ...-è guidiyor mou

où sommes-nous ?
neredeyiz?
nèrèdèyize

où dois-je descendre pour aller à ... ?
... için nerede inmeliyim?
... itchine nèrèdè ine-mèliyime

puis-je emporter mon vélo dans le bus ?
bisikletimi otobüse alırlar mı?
bissiklètimi otobusse aleurlar meu

où se trouve la station-service la plus proche ?
en yakın benzin istasyonuna ne kadar var?
ène yakeune bène-zine istasse-yonouna nè kadar var

j'ai besoin d'un pneu neuf
bana yeni bir lastik lazım
bana yèni bir lastik lazeume

le moteur chauffe
fazla ısınıyor
fazla eusseuneu-yor

les freins ne marchent pas bien
frenlerde birşey var
frène-lèrdè birché var

LES TRANSPORTS

azami hız	limitation de vitesse
bagaj fişi	reçu des bagages
bekleme salonu	salle d'attente
biletçi	contrôleur
çıkış	sortie
çıkmaz yol	voie sans issue
dikkat	attention
dolmuş	taxi collectif, qui circule sur un trajet déterminé
dört yol ağzı	croisement
dur	stop
duracak	le bus va s'arrêter
ekspresyol	autoroute
emanet	consigne
gideceği yer	destination
giriş	entrée
hareket saati	heure de départ
ilerleyelim lütfen!	avancez s'il vous plaît !
koltuk	place
köprü	pont
Mavi Tren	train rapide entre Ankara et Istanbul
muavin	assistant du chauffeur dans les cars grandes lignes
otobüs garajı	gare routière
otopark	parking
otoyol	autoroute
son durak	terminus
taksi durağı	file de taxis
tam bilet	billet plein tarif
taşıt trafiğine kapalı yol	fermé à tous les véhicules
tehlike	danger
tek yönlü yol	rue à sens unique
yavaş git	ralentir
yolcu otobüsü	car
yolda çalışma	travaux sur route
yol kapalı	route barrée
yol ver	cédez la priorité

LE SHOPPING

bon marché	ucuz *oudjouze*
caisse	kasa *kassa*
chèque	çek *tchèk*
cher	pahalı *pahaleu*
magasin	dükkan *dukkane*
marché	pazar *pazar*
payer	ödeme *eudèmè*
rayon	bölüm *beulume*
reçu	makbuz *makbouze*
sac	poşet *pochète*
supermarché	süpermarket *supèrmarkète*
vendeur, vendeuse	tezgahtar *tèze-gatar*

je voudrais . . .
. . . istiyordum
. . . *istiyordoume*

avez-vous . . . ?
. . . var mı?
. . . *var meu*

c'est combien ?
bu kaça?; (*plus poli*) bu ne kadar?
bou katcha; bou nè kadar

celui/celle qui est en vitrine
vitrindeki
vitrine-dèki

je peux regarder ?
şöyle bir bakınabilir miyim?
cheulè bir bakeunabilir miyime

vous acceptez les cartes de crédit ?
kredi kartı alıyor musunuz?
krèdi karteu aleuyor moussounouze

LE SHOPPING

puis-je avoir un reçu, s'il vous plaît ?
lütfen makbuz verir misiniz?
lutfène makbouze vèrir missinize

j'aimerais l'essayer
denemek istiyordum
dènèmèk istiyordoume

c'est trop grand/petit
fazla büyük/küçük
fasla buyuk/kutchuk

ce n'est pas ce qu'il me faut
aradığım bu değil
aradeu-eume bou dèïle

c'est trop cher
çok fazla
tchok fazla

vous ne pouvez pas me faire un prix ?
daha aşağı olmaz mı?
daнa acha-eu olmaze meu

je le prends
alıyorum
aleuyoroume

alınan mal değiştirilmez	ni reprise ni échange
deri mamulleri	objets de cuir
gümüş eşya	argenterie
halıcı	marchand de tapis
kasadan fiş alınız	prenez votre ticket à la caisse
kasa	caisse
kırtasiye	papeterie
kredi kartı kabul edilmez	les cartes de crédit ne sont pas acceptées
pazarlık edilmez	on ne marchande pas
ucuzluk	solde
züccaciye	verrerie et poterie

Anadolu Yakası	partie anatolienne d'Istanbul
Anıtkabir	mausolée d'Atatürk à Ankara
Atatürk	fondateur de la République Turque (*littéralement : 'Père des Turcs', nom qui lui a été donné par le parlement*)
Ayasofya	Eglise Sainte-Sophie à Istanbul
Boğazlar	Le Bosphore ; Les Dardanelles
davul-zurna	tambours et flûtes, instruments de musique nationaux qui accompagnent les danses folkloriques
dolmuş	taxi collectif qui circule sur des trajets fixes, et que l'on paie en fonction du trajet que l'on fait
Efes	Ephèse
halay	ronde folklorique sur la musique des tambours et des flûtes
Haliç	Corne d'Or, région du Bosphore
kanun	genre de cithare à 72 cordes
Karadeniz	Mer Noire
Karagöz-Hacivat	spectacle turc d'ombres chinoises et ses personnages
Mevlevi	membre de l'ordre des Derviches Tourneurs
Peri Bacaları	cheminées de fée, célèbres rochers en Anatolie Centrale
Rumeli Hisarı	forteresse construite par Mahomet II sur la rive européenne du Bosphore pour contrôler le trafic maritime
Rumeli Yakası	partie européenne d'Istanbul
saz	instrument de musique à 6 cordes
Sultan Ahmet Camisi	Mosquée Bleue
T.C. (Türkiye Cumhuriyeti)	République Turque

L'ARGENT

addition	hesap *нèssape*
banque	banka *bane-ka*
bureau de change	kambiyo *kame-biyo*
carte de crédit	kredi kartı *krèdi karteu*
chèque	çek *tchèk*
chèque de voyage	seyahat çeki *séaнate tchèki*
cher	pahalı *paнaleu*
distributeur de billets	bankomatik *bane-komatik*
eurochèque	Eurocheque *oïrotchèk*
francs français	Fransız frangı *frane-seuze frane-gueu*
lires turques	Türk Lirası *turk lirasseu*
monnaie	bozukluk *bozouklouk*
prix	fiyat *fiyate*
reçu	makbuz *makbouze*
taux de change	kur *kour*

combien ça coûte ?
ne kadar?
nè kadar

j'aimerais changer ceci en . . .
bunu . . .'a değiştirmek istiyordum
bounou . . .-a dëïchtirmèk istiyordoume

pourriez-vous me donner de la monnaie ?
bana bunu bozar mısınız?
bana bounou bozar meusseuneuze

puis-je payer avec cette carte de crédit ?
bu kredi kartını kullanabilir miyim?
bou krèdi karteuneu koullanabilir miyime

l'addition, s'il vous plaît ?
hesabı getirir misiniz, lütfen?
нèssabeu guètirir missinize lutfène

L'ARGENT

gardez la monnaie
üstü kalsın, lütfen
ustu kalseune lutfène

le service est compris ?
servis buna dahil mi?
sèrvisse bouna daнile mi

je crois qu'il y a une erreur
sanırım hesapta bir yanlışlık var
saneureume нèssapta bir yane-leuchleuk var

je n'ai pas un rond
beş parasızım
bèche parasseuzeume

L'unité monétaire est la 'lira' (*lira*). On dit aussi 'Türk Lirası' (*turk lirasseu*) que l'on abrège en TL.

alış kuru	taux d'achat
banka	banque
çek	chèques
döviz	devises étrangères
döviz alım belgesi	pièces d'identité nécessaires pour l'achat de devises étrangères
döviz kuru	cours du change
faiz	intérêt
Fransız frangı	francs français
hesap	compte; addition, note
kambiyo	change
kasa	caisse
KDV	TVA
kredi kartı	carte de crédit
miktar	montant
satış kuru	taux de vente
şube	agence
vezne	caisse
veznedar	caissier

billet	bilet *bilète*
chanteur,	şarkıcı *charkeutcheu*
chanteuse	
cinéma	sinema *sinèma*
concert	konser *kone-sère*
discothèque	diskotek *diskotèk*
film	filim *filime*
groupe (*pop*)	orkestra *orkèstra*
musique	müzik *muzik*
pièce (*théâtre*)	oyun *oyoune*
place	yer *yère*
sortir	çıkmak *tcheukmak*
spectacle	gösteri *gueustèri*
théâtre	tiyatro *ti-yatro*

qu'est-ce que tu fais ce soir ?
bu akşam birşey yapıyor musun?
bou akchame birché yapeuyor moussoune

veux-tu sortir avec moi ce soir ?
bu akşam benimle çıkmak ister misin?
bou akchame bènime-lè tcheukmak istère missine

qu'est-ce qu'il y a comme spectacle ?
ne gösteri var?
nè gueustèri var

avez-vous un programme des spectacles en ville ?
şehirde olan-biteni gösteren bir programınız var mı?
chèʜirdè olane-bitèni gueustèrène bir programeuneuze var meu

quelle est la meilleure discothèque du coin ?
buralardaki en iyi diskotek hangisi?
bouralardaki ène iyi diskotèk ʜane-guissi

allons au cinéma/théâtre
hadi sinemaya/tiyatroya gidelim
ʜadi sinèmaya/tiyatroya guidèlime

LES SORTIES

je l'ai déjà vu
onu gördüm
onou gueurdume

rendez-vous à la gare à 9 heures
saat 9'da istasyonda buluşalım
sa-ate dokouzda istasse-yone-da boulouchalime

pourrais-je avoir deux places pour ce soir ?
bu akşam için iki bilet verir misiniz?
bou akchame itchine iki bilète vèrir missinize

tu veux danser ?
dans eder misin?
dane-se èdère missine

veux-tu danser encore une fois ?
yine dans edelim mi?
yinè dane-se èdèlime mi

merci, mais je suis avec mon copain
teşekkürler ama yalnız değilim, erkek arkadaşımlayım
tèchèkkurlère ama yalneuze dèïlime èrkèk arkadacheume-liyeume

allons prendre l'air
hadi çıkıp biraz hava alalım
Hadi tcheukeupe biraze Hava alaleume

vous me laisserez rentrer quand je reviendrai ?
sonra tekrar içeri girebilir miyim?
sone-ra tèkrar itchèri guirèbilir miyime

j'ai rendez-vous avec quelqu'un à l'intérieur
içerde birisi ile buluşacağım
itchèrdè birissi ilè boulouchadja-eume

aileye mahsus	réservé aux familles
alaturka müzik	musique turque
ara	entracte
gazino	restaurant avec spectacle
içkili	service de boissons
içkisiz	consommation de boissons interdite

LA PLAGE

bikini	bikini	*bikini*
huile solaire	güneş yağı	*gunèche ya-eu*
lait solaire	güneş losyonu	*gunèche losse-yonou*
maillot de bain	mayo	*mayo*
mer	deniz	*dènize*
nager	yüzmek	*yuzmèk*
parasol	plaj şemsiyesi	*plaje chème-siyèssi*
plage	plaj	*plaje*
plonger	dalmak	*dalmak*
sable	kum	*koume*
se faire bronzer	güneşlenmek	*gunèche-lène-mèk*
serviette	havlu	*Havlou*
vague	dalga	*dalga*

allons à la plage
hadi plaja gidelim
Hadi plaja guidèlime

elle est bonne ?
su nasıl?
sou nasseule

elle est glacée
buz gibi
bouze gibi

elle est bonne
enfes!
ène-fèsse

tu viens nager ?
yüzmeye geliyor musun?
yuzmé-è guèliyor moussoune

je ne sais pas nager
yüzme bilmiyorum
yuzmè bilmiyoroume

LA PLAGE

il nage comme un poisson
balık gibi yüzüyor
baleuk guibi yuzuyor

pouvez-vous faire attention à mes affaires ?
eşyalarıma göz-kulak olur musunuz?
èche-yalareumeu gueuze-koulak olour moussounouze

l'eau est profonde ?
burası derin mi?
bourasseu dèrine mi

tu peux me passer de l'huile sur le dos ?
sırtıma biraz güneş yağı sürer misin?
seurteuma biraze gunèche ya-eu surère missine

j'adore me faire bronzer
güneş banyosuna bayılırım
gunèche bane-yossouna bayeuleureume

j'ai attrapé un gros coup de soleil
her tarafım güneş yanığı
Hère tarafeume gunèche yaneu-eu

tu est tout mouillé !
sırılsıklam olmuşsun
seureulseuklame olmouche-soune

allons au café
hadi, yukarı pastahaneye çıkalım
Hadi youkareu pastaHané-è tcheukaleume

çıplaklar kampı	camp de nudistes
denize girmek yasaktır	baignade interdite
derin	profond
kiralık mayo	maillots de bain à louer
kiralık sandal	bateaux à louer
plaj	plage
soyunma kabinleri	cabines

accident	kaza *kaza*
ambulance	ambulans *ame-boulane-se*
blessé	yaralı *yaraleu*
cassé	kırık *keureuk*
docteur	doktor *doktor*
en panne	bozuk *bozouk*
en retard	geç *guètche*
feu	yangın *yane-gueune*
malade	hasta *Hasta*
police	polis *polisse*
pompiers	itfaiye *itfa-iyè*
urgence	acil *adjile*

pouvez-vous m'aider, je suis perdu
yardım eder misiniz? yolumu kaybettim
yardeume èdère missinize yoloumou kaye-bèttime

j'ai perdu mon passeport
pasaportumu kaybettim
passaportoumou kaye-bèttime

je me suis enfermé dehors
odama giremiyorum, kapıda kaldım
odama guirèmiyoroume kapeuda kaldeume

mes bagages ne sont pas arrivés
bavullarım gelmedi
bavoullareume guèlmèdi

je ne peux pas l'ouvrir
açamıyorum
atchameu-yoroume

c'est bloqué
takıldı; (*pièce etc*) sıkıştı
takeuldeu; seukeuchteu

42

PROBLEMES

je n'ai pas assez d'argent
yeteri kadar param yok
yètèri kadar parame yok

je suis tombé en panne
arabam arıza yaptı
arabame areuza yapteu

c'est une urgence
acil bir durum var
adjile bir douroume var

au secours !
imdat!
ime-date

ça ne marche pas
çalışmıyor
tchaleuche-meuyor

la lumière ne marche pas dans ma chambre
odamdaki ışıklar çalışmıyor
odame-daki eucheuklar tchaleuche-meuyor

l'ascenseur est en panne
asansör takıldı
assane-seure takeule-deu

je ne comprends rien
bir kelime bile anlamıyorum
bir kèlimè bilè ane-lameuyoroume

pouvez-vous trouver quelqu'un pour traduire ?
bir tercüman bulabilir misiniz?
bir tèrdjumane boulabilir missinize

la chasse d'eau ne fonctionne pas
tuvalet çekmiyor
touvalète tchèk-miyor

il n'y a pas de bonde pour la baignoire
küvetin tıpası yok
kuvètine teupasseu yok

43

PROBLEMES

il n'y a pas d'eau chaude
sıcak su yok
seudjak sou yok

il n'y a plus de papier hygiénique
tuvalet kağıdı kalmamış
touvalète ka-eudeu kale-mameusse

je suis désolé, j'ai cassé le/la . . .
üzgünüm, kazayla . . .'i kırdım galiba
uzgunume kazaye-la . . .-i keurdeume galiba

cet homme me suit depuis un moment
bu adam beni takip ediyor
bou adame bèni takip èdiyor

j'ai été agressé
saldırıya uğradım
saldeureuya ouradeume

on m'a volé mon sac à main
el çantam çalındı
el tchane-tame tchaleune-deu

bozuk	en panne
cankurtaran	ambulance
ilk yardım	premiers secours
imdat!	au secours !
imdat çıkışı	sortie de secours
imdat freni	freins de secours
itfaiye	pompiers
kayıp eşya	objets trouvés
kaza	accident
mecburi iniş	atterrissage d'urgence
nöbetçi eczane	pharmacie de garde
polis	police
sigorta	assurance
tehlike	danger
yangın tehlikesi	danger d'incendie
. . . yasaktır	ne pas . . .
yüksek voltaj	haute tension

blessure	yara *yara*
brûlé	yanık *yaneuk*
cassé	kırık *keureuk*
contraception	doğum kontrolu *do-oume kone-trolou*
dentiste	dişci *diche-dji*
docteur	doktor *doktor*
handicapé	özürlü *euzurlu*
hôpital	hastane *Hastanè*
infirmière	hemşire *Hème-chirè*
malade	hasta *Hasta*
maladie	hastalık *Hastaleuk*
pansement	bandaj *bane-daje*
pharmacie	eczane *èdje-zane*
sang	kan *kane*
santé	sağlık *saleuk*

je ne me sens pas bien
kendimi iyi hissetmiyorum
kène-dimi iyi Hissète-miyoroume

ça empire
gittikçe kötüleşiyor
gittik-tchè keutulèchiyor

je me sens mieux
kendimi daha iyi hissediyorum
kène-dimi daHa iyi Hissèdiyoroume

j'ai mal au coeur
kendimi hasta hissediyorum
kène-dimi Hasta Hissèdiyoroume

j'ai mal ici
şuramda bir ağrı var
churame-da bir areu var

ça fait mal
acıyor
adjeuyor

45

LA SANTE

il a beaucoup de fièvre
ateşi var
atèchi var

pourriez-vous appeler un médecin ?
doktor çağırabilir misiniz?
doktor tcha-eurabilir missinize

c'est grave ?
ciddi mi?
djiddi mi

il faudra l'opérer ?
ameliyat olması gerekli mi?
amèliyate olmasseu guèrèkli mi

je suis diabétique
şeker hastasıyım
chèkère Hastasseuyeume

il faut qu'elle reste au chaud
sıcak tutun
seudjak toutoune

avez-vous quelque chose contre . . . ?
. . .'a karşı birşeyiniz var mı?
. . .-a karcheu birché-inize var meu

acil vaka	urgence
günde üç defa ikişer tablet alınız	prendre deux comprimés trois fois par jour
hastane	hôpital
merhem	pommade
muayenehane	chirurgie
pastil	pastilles, cachets
reçete	ordonnance
reçete ile satılır	ordonnance uniquement
röntgen	rayons X
son kullanma tarihi	à consommer avant
suyla	avec de l'eau
yemeklerden önce/sonra	avant/après les repas

46

j'aimerais apprendre à faire de la planche à voile
sörf öğrenmek istiyorum
seurf eurène-mèk istiyoroume

pouvons-nous louer un voilier ?
yelkenli kiralayabilir miyiz?
yèlkène-li kiraliyabilir miyize

combien coûte une demi-heure de ski nautique ?
yarım saatlik su kayağı kaça?
yareume sa-atlik sou kaya katcha

je voudrais prendre des leçons de plongée sous-marine
dalma dersi almak istiyordum
dalma dèrsi almak istiyordoume

nous faisons une croisière
yelkenli ile tatil yapıyoruz
yèlkène-li ilè tatile yapeuyorouze

est-ce que nous pouvons utiliser le court de tennis ?
tenis kortunu kullanabilir miyiz?
tènisse kortounou koullanabilir miyize

j'aimerais aller voir un match de foot
bir futbol maçına gitmek istiyorum
bir foutbol matcheuna guite-mèk istiyoroume

est-il possible de faire de l'équitation ici ?
burada ata binme imkanı var mı?
bourada ata bine-mè ime-kaneu var meu

nous allons faire de la randonnée
biraz tepelerde dolaşacağız
biraze tèpèlèrdè dolachadja-euze

c'est la première fois que j'en fais
bunu ilk kez deniyorum
bounou ilke kèze dèniyoroume

LA POSTE

envoyer	göndermek *gueune-dèrmèk*
lettre	mektup *mèke-toupe*
paquet	paket *pakète*
poste	postane *postanè*
poste restante	post restant *poste rèstane-te*
recommandé	taahhütlü *ta-ануtlu*
timbre	pul *poule*

quel est le tarif des lettres pour la France ?
Fransaya mektup ne kadar?
frane-saya mèke-toupe nè kadar

je voudrais quatre timbres à . . . lires
dört tane . . . liralık pul istiyordum
deurte tanè . . . liraleuk poule istiyordoume

je voudrais six timbres pour cartes postales pour la France
Fransa için altı kartpostal pulu istiyordum
frane-sa itchine alteu karte-postale poulou istiyordoume

y-a-t'il du courrier pour moi ?
bana mektup var mı?
bana mèke-toupe var meu

j'attends un colis de . . .
. . .-den bir paket bekliyorum
. . .-dène bir pakète bèkliyoroume

havale	virement postal
koli	paquets
posta kutusu	boîte à lettres
telgraf	télégramme
uçakla	par avion
yurt dışı	étranger
yurt içi	national

48

LE TELEPHONE

bottin	telefon rehberi	*tèlèfone rèbèri*
cabine téléphonique	telefon kulübesi	*tèlèfone koulubèssi*
numéro	numara	*noumara*
occupé	meşgul	*mèche-goule*
opératrice	santral	*sane-tral*
renseignements	istihbarat	*istibarate*
téléphone	telefon	*tèlèfone*
téléphoner	telefon etmek	*tèlèfone ète-mèk*

y a-t-il un téléphone par ici ?
buralarda telefon bulunur mu?
bouralarda tèlèfone boulounour mou

puis-je me servir de votre téléphone ?
telefonunuzu kullanabilir miyim?
tèlèfonounouzou koullanabilir miyime

je voudrais téléphoner en France
Fransaya bir telefon etmek istiyordum
frane-saya bir tèlèfone ète-mèk istiyordoume

je veux téléphoner en PCV
ödemeli istiyorum
eudèmèli istiyoroume

pourrais-je parler à Ayşe ?
Ayşe ile görüşebilir miyim?
aïe-chè ilè gueuruchèbilir miyime

allo, c'est Simon
alo, ben Simon
alo bène Simon

puis-je laisser un message ?
mesaj bırakabilir miyim?
mèssaje beurakabilir miyime

LE TELEPHONE

parlez-vous français ?
Fransızca biliyor musunuz?
frane-seuze-dja biliyor moussounouze

pourriez-vous répéter cela très très lentement ?
bir daha ve çok çok yavaş söyler misiniz?
bir daнa vè tchok tchok yavache seulère missinize

pouvez-vous dire que Pierre a appelé ?
Pierre aradı der misiniz?
Pierre aradeu dère missinize

pouvez-vous lui demander de me rappeler ?
beni aramasını söyler misiniz?
bèni aramasseuneu surlère missinize

je rappellerai
sonra tekrar ararım
sone-ra tèkrar arareume

voici mon numéro . . .
benim numaram . . .
bènime noumarame

176 32 11
yüz yetmiş altı otuz iki on bir
yuze yète-miche alteu otouze iki one bir

un instant, s'il vous plaît
bir dakika lütfen
bir dakika lutfène

il est sorti
yoklar
yoklar

excusez-moi, je me suis trompé de numéro
özür dilerim, yanlış numara
euzur dilèrime yane-leuche noumara

je vous entends très mal
hat çok berbat
нate tchok bèrebate

LE TELEPHONE

REPONSES

ayrılmayın
aye-reulmiyeune
ne quittez pas

kim arıyordu?
kime areuyordou
qui est à l'appareil ?

atınız	introduire
bekleyiniz	patienter
bozuk	en panne
bozuk para	monnaie
çeviriniz	composer
çevir sesi	tonalité
kaldırınız	décrocher
meşgul	occupé
numara	numéro
ödemeli konuşma	PCV
santral memuru	opératrice
uluslararası	international
umumi telefon	téléphone public

L'ALPHABET

comment ça s'écrit ?
yazılışı nasıl?
yazeuleucheu nasseule

ça s'écrit . . .
heceliyorum . . .
нèdjèliyoroume

a *a*	**i** *i*	**s** *sè*
b *bè*	**j** *jè*	**ş** *chè*
c *djè*	**k** *ka*	**t** *tè*
ç *tchè*	**l** *lè*	**u** *ou*
d *dè*	**m** *mè*	**ü** *u*
e *è*	**n** *nè*	**v** *vè*
f *fè*	**o** *o*	**w** *doubleu vè*
g *guè*	**ö** *eu*	**x** *ixe*
ğ *youmouchak guè*	**p** *pè*	**y** *yè*
h *на*	**q** *kou*	**z** *zè*
ı *eu*	**r** *rè*	

LES CHIFFRES, LA DATE ET L'HEURE

0	sıfır *seufeur*
1	bir *bir*
2	iki *iki*
3	üç *utche*
4	dört *deurte*
5	beş *bèche*
6	altı *alteu*
7	yedi *yèdi*
8	sekiz *sèkize*
9	dokuz *dokouze*
10	on *one*
11	on bir *one bir*
12	on iki *one iki*
13	on üç *one utche*
14	on dört *one deurte*
15	on beş *one bèche*
16	on altı *one alteu*
17	on yedi *one yèdi*
18	on sekiz *one sèkize*
19	on dokuz *one dokouze*
20	yirmi *yirmi*
21	yirmi bir *yirmi bir*
22	yirmi iki *yirmiki*
30	otuz *otouze*
35	otuz beş *otouze bèche*
40	kırk *keurke*
50	elli *èlli*
60	altmış *alte-meuche*
70	yetmiş *yète-miche*
80	seksen *sèxène*
90	doksan *doxane*
100	yüz *yuze*
101	yüz bir *yuze bir*

LES CHIFFRES, LA DATE ET L'HEURE

200	iki yüz *iki yuze*
300	üç yüz *utche yuze*
400	dört yüz *deurte yuze*
500	beş yüz *bèche yuze*
600	altı yüz *alteu yuze*
700	yedi yüz *yèdi yuze*
800	sekiz yüz *sèkize yuze*
900	dokuz yüz *dokouze yuze*

1 000	bin *bine*
2 000	iki bin *iki bine*
5 000	beş bin *bèche bine*
7 550	yedi bin beş yüz elli *yèdi bine bèche yuze èlli*

1 000 000	bir milyon *bir mile-yone*

1er	birinci *birine-dji*
2ème	ikinci *ikine-dji*
3ème	üçüncü *utchune-dju*
4ème	dördüncü *deurdune-dju*
5ème	beşinci *bèchine-dji*
6ème	altıncı *alteune-djeu*
7ème	yedinci *yèdine-dji*
8ème	sekizinci *sèkizine-dji*
9ème	dokuzuncu *dokouzoune-djou*
10ème	onuncu *onoune-djou*

quel jour sommes-nous ?
bugünkü tarih ne?
bougune-ku tari nè

nous sommes le 12 janvier 1994
on iki ocak 1994
one iki odjak bine dokouze yuze doxane deurte

quelle heure est-il ?
saat kaç?
sa-ate katche

il est midi/minuit
öğle vakti/gece yarısı
eulè vakti/guèdjè yareusseu

53

LES CHIFFRES, LA DATE ET L'HEURE

il est une heure/trois heures
(saat) bir/üç
(*sa-ate*) *bir/utche*

il est huit heures et demie
(saat) sekiz buçuk
(*sa-ate*) *sèkize boutchouk*

cinq heures et quart/cinq heures moins le quart
beşi çeyrek geçiyor/beşe çeyrek var
bèchi tchérèk guètchiyor/bèchè tchérek var

il est sept heures dix
yediyi on geçiyor
yèdiyi one guètchiyor

il est neuf heures moins vingt
dokuza yirmi var
dokouza yirmi var

il est six heures du matin/il est six heures du soir
sabahın altısı/öğleden sonra altı
sabaнeune alteusseu/eulèdène sone-ra alteu

(*en comptant sur 24 heures*)
altı/on sekiz
alteu/one sèkize

à quatorze heures/à dix-sept heures
öğleden sonra ikide/öğleden sonra beşde
eulèdène sone-ra ikidè/eulèdène sone-ra bèche-dè

(*en comptant sur 24 heures*)
on dörtte/on yedide
one deurttè/one yèdidè

A

à -da; (*direction*) -a; **à la gare** istasyonda; **je vais à la gare** istasyona gidiyorum; **à 3 heures** saat üçte; **à la vôtre !** şerefe!; **à demain** yarın görüşürüz
abeille *f* arı
abord: d'abord önce
abricot *m* kayısı
accélérateur *m* gaz pedalı
accent *m* aksan
accepter kabul etmek
accident *m* kaza
accompagner eşlik etmek
accord: d'accord tamam; **je suis d'accord** razıyım
acheter satın almak
acide ekşi
adaptateur *m* adaptör
addition *f* hesap
adolescent *m*, **adolescente** *f* delikanlı
adresse *f* adres
adulte *m* yetişkin
aéroport *m* havalimanı
affaires *fpl* (*commerce*) iş
affiche *f* afiş
affreux berbat
after-shave *m* tıraş losyonu
âge *m* yaş; **quel âge avez-vous ?** kaç yaşındasınız?
agence *f* acenta

agence de voyages *f* seyahat acentasi
agenda *m* günce
agent de police *m* polis memuru
agneau *m* kuzu
agrandissement *m* büyütme
agréable hoş
agressif saldırgan
agriculteur *m* çiftçi
aide *f* yardım
aider yardım etmek
aiguille *f* iğne
ail *m* sarmısak
aile *f* kanat
ailleurs başka bir yerde
aimable nazik
aimer hoşlanmak; (*d'amour*) sevmek; **j'aimerais** istiyordum
air *m* hava; **avoir l'air** görünmek
alarme *f* alarm
alcool *m* alkol
algues *fpl* deniz yosunu
allaiter meme vermek
Allemagne *f* Almanya
allemand Alman
aller gitmek; **va-t'en !** çekilin!; **il va bien/il va mal** (o) iyi/iyi değil; **le bleu vous va bien** mavi size yakışıyor
allergique: être allergique à . . . .-ye allerjisi var
aller retour *m* gidiş-dönüş bilet
aller simple *m* tek gidiş
allumage *m* kontak

allumer *(feu)* tutuşturmak; *(lumière)* açmak
allumette *f* kibrit
alors o zaman; **alors !** hayret!
alternateur *m* alternatör
ambassade *f* elçilik
ambulance *f* cankurtaran
améliorer geliştirmek
amende *f* ceza
amer acı
américain Amerikan
Américain(e) *m/f* Amerikalı
Amérique *f* Amerika
ami *m*, **amie** *f* arkadaş; **petit ami** erkek arkadaş; **petite amie** kız arkadaş
amortisseur *m* amortisör
amour *m* sevgi; **faire l'amour** sevişmek
ampères amper
ampoule *f* *(électrique)* ampul; *(au pied)* su toplama
amuser: s'amuser eğlenmek
an *m* yıl; **j'ai 25 ans** 25 yaşındayım
analgésique *m* ağrı giderici ilaçlar
ananas *m* ananas
ancêtre *m* ata
ancien eski
ancre *f* çapa
âne *m* eşek
angine *f* bademcik iltihabı
angine de poitrine *f* anjin
anglais İngiliz
Angleterre *f* İngiltere
animal *m* hayvan
Ankara Ankara
année *f* yıl; **bonne année !** Yeni Yılınız kutlu olsun
anniversaire *m* doğum günü; **bon anniversaire !**
doğum gününüz kutlu olsun!
anniversaire de mariage *m* (evlilik) yıldönümü
annuaire *m* telefon rehberi
annuler iptal etmek
anorak *m* anorak
antibiotique *m* antibiyotik
antigel *m* antifriz
antihistaminique *m* antihistamin
anti-insecte: crème anti-insecte *f* böcek ilacı
antiquaire *m* *(magasin)* antikacı
août ağustos
apéritif *m* aperitif
appareil *m* alet
appareil-photo *m* fotoğraf makinesi
appartement *m* apartman dairesi
appartenir ait olmak
appeler çağırmak; **comment vous appelez-vous ?** adınız ne(dir); **je m'appelle Jean** (benim) adım Jean
appendicite *f* apandisit
appétit *m* iştah; **bon appétit !** afiyet olsun!
apporter getirmek
apprendre öğrenmek
après sonra
après-demain öbür gün
après-midi *m* öğleden sonra
arabe Arap
araignée *f* örümcek
arbre *m* ağaç
arc-en-ciel *m* gök kuşağı
archéologie *f* arkeoloji
arête *f* kılçık
argent *m* para; *(métal)* gümüş

FRANÇAIS-TURC

armoire f dolap
arôme m tat
arrêt m durak
arrêt d'autobus m otobüs
    durağı
arrêter kapamak; (coupable)
    tutuklamak; s'arrêter
    durmak; arrêtez ! dur!
arrière m arka
arrière: la roue/le siège
    arrière arka tekerlek/koltuk
arrivée f varış
arriver varmak; (se passer)
    olmak
art m sanat
artificiel yapma
artisanat m el sanatları
artiste m sanatçı
ascenseur m asansör
Asie f Asya
asperges fpl kuşkonmaz
aspirateur m elektrik
    süpürgesi
aspirine f aspirin
asseoir: s'asseoir oturmak
assez (de) yeter; (plutôt)
    oldukça
assiette f tabak
assurance f sigorta
asthme m astım
astucieux akıllı
attaque f saldırı; (cardiaque)
    felç
attendre beklemek;
    attendez- moi ! beni
    bekleyin!
attention ! dikkat!; faites
    attention ! dikkat et!
atterrir inmek
attraper yakalamak
auberge de jeunesse f gençlik
    yurdu
aubergine f patlıcan

au-dessus de ... ... üstünde
audiophone m işitme cihazı
aujourd'hui bugün
au revoir hoşça kal
au secours ! imdat!
aussi de, da; moi aussi ben
    de; aussi beau que ... ...
    kadar güzel
authentique gerçek
autobus m otobüs
automatique otomatik
automne m sonbahar
automobile f otomobil
automobiliste m sürücü
autoroute f otoyol
autre diğer; un/une autre
    başka; autre chose başka
    bir şey
Autriche f Avusturya
avaler yutmak
avance: d'avance peşin; en
    avance erkenden
avant m ön
avant önce
avant-hier evvelki gün
avec ile; avec Ahmet
    Ahmet'le
averse f sağanak
aveugle kör
avion m uçak; par avion
    uçakla
avocat m avukat
avoir (posséder) sahip olmak;
    je peux avoir ... ? ... verir
    misiniz?; je n'ai pas
    d'argent/le temps
    param/zamanım yok; vous
    avez le temps ? zamanınız
    var mı? (voir grammaire)
avril nisan

baby-sitter *m/f* çocuk
  bakıcısı
bac *m* feribot
bagages *mpl* bagaj; **bagages
  à main** el bagajı; **faire ses
  bagages** bavul hazırlamak
bagarre *f* kavga
bague *f* yüzük
baigner: se baigner yüzmeye
  gitmek
baignoire *f* küvet
bain *m* banyo
bain turc *m* hamam
baiser *m* öpücük
balai *m* süpürge
balcon *m* balkon
balle *f* top
ballon *m* top
banane *f* muz
bande magnétique *f* teyp
banlieue *f* banliyö
banque *f* banka
bar *m* bar
barbe *f* sakal
barbecue *m* ızgara
barman *m* barmen
barrière *f* parmaklık
bas *mpl* çorap(lar)
bas alçak; **en bas** (*dans
  maison*) alt katta
bateau *m* kayık; (*plus grand*)
  gemi
bateau à rames *m* kayık
bateau à voile *m* yelkenli
bâtiment *m* yapı
batterie *f* akü
battre: se battre kavga etmek
baume après-shampoing *m*
  balsam

beau güzel; (*ville etc*) hoş; **il
  fait beau** hava güzel
beaucoup (de) çok
beau-fils *m* damat
beau-frère *m* (*frère du
  conjoint*) kayınbirader;
  (*mari de la sœur*) enişte;
  (*mari de la belle-sœur*)
  bacanak
beau-père *m* (*père du
  conjoint*) kayınpeder
bébé *m* bebek
beige bej
belge Belçika
Belgique *f* Belçika
belle-fille *f* gelin
belle-mère *f* (*mère du conjoint*)
  kaynana
belle-sœur *f* (*sœur de la
  femme*) baldız; (*sœur du
  mari*) görümce; (*femme du
  frère*) yenge
béquilles *fpl* koltuk
  değnekleri
besoin *m*: **j'ai besoin de ...**
  bana ... lazım
beurre *m* tereyağı
bibliothèque *f* kütüphane
bicyclette *f* bisiklet
bien iyi; **très bien !** çok iyi!
bien que gerçi
bien sûr elbette
bientôt yakında
bienvenue ! hoş geldiniz!
bière *f* bira
bijouterie *f* kuyumcu
bijoux *mpl* mücevher(at)
bikini *m* bikini
billet *m* bilet
billet de banque *m* banknot
bizarre acayip
blaireau *m* (*pour se raser*) tıraş
  fırçası

blanc beyaz

blanchisserie f çamaşırhane

blessé yaralı

blessure f yara

bleu m (sur la peau) çürük

bleu (adjectif) mavi; (steak) az pişmiş

blond sarışın

bœuf f (viande) sığır eti

boire içmek

bois m tahta; (forêt) orman

boisson f içecek; (alcoolique) içki

boîte f kutu; (de conserve) teneke kutu

boîte à lettres f mektup kutusu

boîte de nuit f gece kulübü

boîte de vitesses f vites kutusu

bol m kase

bombe f bomba

bon iyi

bonbon m şeker

bonde f tıkaç

bondé kalabalık

bonjour merhaba

bon marché ucuz

bonnet de bain m bone

bonsoir iyi akşamlar

bord m kenar; au bord de la mer deniz kıyısında

Bosphore m İstanbul Boğazı

botte f çizme; bottes de caoutchouc lastik çizmeler

bottin m telefon rehberi

bouche f ağız

bouché tıkalı

boucherie f kasap

boucles d'oreille fpl küpe

bouée f şamandıra

bouger hareket etmek

bougie f mum; (de voiture) buji

bouillir kaynatmak

bouillotte f buyot

boulangerie f fırın

boussole f pusula

bouteille f şişe

boutique hors taxes f Duty-Free

bouton m (de vêtement) düğme; (sur la peau) sivilce

bracelet m bilezik

bras m kol

brique f tuğla

briquet m çakmak

broche f broş

brochette f kebap

bronzage m bronz ten

bronzer: se faire bronzer bronzlaşmak

brosse f fırça

brosse à dents f diş fırçası

brouillard m sis

bruit m gürültü

brûler yanmak, yakmak

brûlure f yanık

brushing m fön

bruyant gürültülü

bureau m büro

butagaz m tüpgaz

byzantin Bizans

ça şu; ça va ? ne haber?; moi, ça va ben iyiyim; ça va tamam

cabas m pazar çantası

cabine f kamara

cabine téléphonique f telefon kulübesi

cacahuètes fpl yerfıstığı

cacao *m* kakao
cacher saklamak
cadeau *m* hediye
cafard *m* hamamböceği; **j'ai le cafard** moralim bozuk
café *m* (*boisson*) kahve; (*bistro*) pastane
café crème *m* sütlü kahve
caféine *f*: **sans caféine** kafeinsiz
café soluble *m* neskafe (R)
café turc *m* Türk kahvesi
cahier *m* not defteri
caisse *f* kasa
calculette *f* hesap makinesi
calendrier *m* takvim
calmer: se calmer sakinleşmek
caméra *f* sinema kamerası
camion *m* kamyon
camionnette *f* kamyonet
campagne *f* kır, kırsal alanlar
camping *m* kamping
Canada *m* Kanada
canadien Kanada
Canadien(ne) *m/f* Kanadalı
canal *m* kanal
canard *m* ördek
canif *m* çakı
canoë *m* kano
caoutchouc *m* lastik
capitaine *m* kaptan
capot *m* kaporta
car *m* yolcu otobüsü
caravane *f* karavan
carburateur *m* karbüratör
carnet d'adresses *m* adres defteri
carotte *f* havuç
carte *f* (*à jouer*) oyun kağıdı; (*géographique*) harita; (*des mets*) yemek listesi
carte de crédit *f* kredi kartı

carte d'embarquement *f* biniş kartı
carte des vins *f* şarap listesi
carte de visite *f* kartvizit
carte d'identité *f* kimlik kartı
carte postale *f* kartpostal
carton *m* (*boîte*) kutu; (*matière*) karton
cascade *f* çağlayan
casquette *f* kasket
cassé kırık
casse-croûte *m* hafif yemek
casser kırmak
casserole *f* tencere
cassette *f* kaset
cathédrale *f* katedral
catholique Katolik
cauchemar *m* kâbus
cause *f* neden; **à cause de** nedeniyle
ce bu
ceci bu
ceinture *f* kemer
ceinture de sécurité *f* emniyet kemeri
cela şu
célèbre ünlü
célibataire *m* bekar
celui-ci, celle-ci bu
celui-là, celle-là şu
cendrier *m* kül tablası
centigrade santigrat
centre *m* orta
centre commercial *m* alışveriş merkezi
centre-ville *m* şehir merkezi
cerise *f* kiraz
certificat *m* belge
ces bu ...-lar
c'est ... o ... dir
cette bu
ceux-ci bunlar
ceux-là şunlar

chaîne *f* zincir
chaise *f* iskemle
chaise longue *f* şezlong
châle şal
chaleur *f* sıcaklık
chambre *f* oda; **chambre
pour une personne/deux
personnes** tek/iki kişilik
oda
chambre à air *f* iç lastik
chambre à coucher *f* yatak
odası
chameau *m* deve
champ *m* tarla
champignons *mpl* mantar
chance *f* şans; **bonne
chance !** bol şanslar!
changer değiştirmek; **se
changer** üstünü
değiştirmek; **changer de
train** aktarma yapmak
chanson *f* şarkı
chanter şarkı söylemek
chapeau *m* şapka
chaque her
chariot *m* tekerlekli araba
charter *m* çartır (seferi)
chat *m* kedi
château *m* kale
chaud sıcak; **il fait chaud**
hava sıcak
chauffage *m* ısıtma
chauffage central *m* kalorifer
chaussettes *fpl* çorap(lar)
chaussures *fpl* ayakkabı
chauve kel
chemin *m* yol
chemin de fer *m* demiryolu
chemise *f* gömlek
chemise de nuit *f* gecelik
chemisier *m* bluz
chèque *m* çek
chèque de voyage *m* seyahat

çeki
chéquier *m* çek defteri
cher (*aimé*) değerli; (*coûteux*)
pahalı
chercher aramak
cheval *m* at
cheveux *mpl* saç
cheville *f* ayak bileği
chèvre *f* keçi
chewing-gum *m* çiklet
chez: **chez Valérie**
Valérie'nin yerinde
chien *m* köpek
chips *fpl* cips
choc *m* şok
chocolat *m* çikolata; **chocolat
à croquer** sütsüz çikolata;
chocolat au lait sütlü
çikolata; **chocolat chaud**
kakao
choisir seçmek
chômage *m*: **au chômage** işsiz
chose *f* şey
chou *m* lahana
chou-fleur *m* karnabahar
choux de Bruxelles *mpl*
Brüksel lahanası
chrétien Hıristiyan
Chrétien(ne) *m/f* Hıristiyan
Chypre Kıbrıs
ciel *m* gök
cigare *m* puro
cigarette *f* sigara
cimetière *m* mezarlık
cinéma *m* sinema
cintre *m* askı
cirage *m* ayakkabı cilası
circulation *f* trafik
ciseaux *mpl* (bir) makas
citron *m* limon
clair açık; **bleu clair** açık
mavi
classe *f* sınıf

clé *f* anahtar
clé anglaise *f* İngiliz anahtarı
clignotant *m* sinyal
climat *m* iklim
climatisation *f* klima
climatisé klimalı
cloche *f* çan
clou *m* çivi
club *m* kulüp
cochon *m* domuz
cocktail *m* kokteyl
code de la route *m* trafik
   kanunu
cœur *m* kalp
coffre *m* bagaj
cognac *m* konyak
coiffeur *m* berber, kuaför
coin *m* köşe
coincé sıkışmış
col *m* (*de vêtement*) yaka; (*de montagne*) geçit
colis *m* paket
collants *mpl* külotlu çorap
colle *f* zamk
collection *f* koleksiyon
collier *m* kolye
colline *f* tepe
collision *f* çarpışma
combien ? (*nombre*) kaç
   tane?; (*prix, quantité*) ne
   kadar?
commander (*au restaurant*)
   ısmarlamak
comme (*de la même manière que*) gibi; (*parce que*) için;
   comme ci comme ça şöyle-
   böyle
commencer başlamak
comment ? nasıl?;
   (*pardon ?*) efendim?
commissariat *m* polis
   karakolu
compagnie aérienne *f*

havayolu
compartiment *m*
   kompartıman
complet *m* takım elbise
compliment *m* övgü,
   kompliman
compliqué karmaşık
comprendre anlamak
comprimé *m* tablet
compris dahil; tout compris
   her şey dahil
comptant: payer comptant
   nakit ödemek
compteur *m* (*de voiture*) hız
   göstergesi
concert *m* konser
concombre *m* salatalık
conducteur *m* sürücü
conduire sürmek
confirmer doğrulamak
confiture *f* reçel
confortable rahat
congélateur *f* buzluk
connaître tanımak
conseiller öğütlemek
consigne *f* emanet
constipé kabız
consulat *m* konsolosluk
contacter ilişki kurmak
content memnun
contraceptif *m* gebeliği
   önleyici
contractuel *m* trafik memuru
contraire *m* karşıt
contre karşı
coqueluche *f* boğmaca
coquetier *m* yumurta kabı
coquillage *f* deniz kabuğu
corde *f* halat
cordonnier *m* ayakkabı
   tamircisi
corps *m* vücut
correct doğru

correspondance f (de trains) bağlantı
corridor m koridor
côte f (rive) kıyı; (du corps) kaburga
côté m yan; **à côté de** bitişiğinde
côtelette f pirzola
coton m pamuk
coton hydrophile m idrofil pamuk
cou m boyun
couche f (de bébé) çocuk bezi
coucher: aller se coucher yatmak
coucher de soleil m günbatımı
couchette f ranza
coude m dirsek
coudre dikmek
couler (bateau) batmak
couleur f renk
coup: tout à coup aniden
coup de soleil m güneş yanığı
coupe de cheveux f saç tıraşı
coupe-ongles m tırnak kesme aleti
couper kesmek
coupure de courant f elektrik kesilmesi
courageux cesur
courant m akım
courant d'air m hava ceryanı
courir koşmak
courrier m posta
courroie du ventilateur f vantilatör kayışı
cours du change m döviz kuru
court kısa
cousin m, **cousine** f kuzen, kuzin
couteau m bıçak
coûter mal olmak

coutume f gelenek
couvercle m kapak
couverts mpl çatal bıçak
couverture f battaniye
crabe m yengeç
crampe f kramp
crâne m kafatası
cravate f kravat
crayon m kurşun kalem
crème m sütlü kahve
crème f krema
crème Chantilly f krem şantiye
crème de beauté f yüz kremi
crème démaquillante f temizleyici krem
crème hydratante f nemlendirici krem
crêpe f akıtma
Crète f Girit
crevaison f patlak lastik
crevé: un pneu crevé inik lastik
crevette f karides
cric m kriko
crier çığlık atmak
crise cardiaque f kalp krizi
croire inanmak
croisement m kavşak
croisière f deniz gezisi
cru çiğ
crustacés mpl kabuklu deniz ürünleri
cuiller f kaşık
cuir deri
cuire pişirmek
cuisine f mutfak
cuisinier m ahçı
cuisinière f (appareil) ocak
cuisse uyluk
cuit: trop cuit fazla pişmiş; **mal cuit** az pişmiş; **bien cuit** iyi pişmiş

curry *m* zerdeçallı karışık baharat
cyclisme *m* bisiklet sporu
cycliste *m/f* bisikletli

daim *m* süet
dame *f* bayan
danger *m* tehlike
dangereux tehlikeli
dans içinde; **dans ...**
...-da; **dans ma chambre** odamda
danser dans etmek
Dardanelles *fpl* Çanakkale Boğazı
date *f* tarih
de (*appartenance*) -in; **le nom de l'hôtel** otelin adı; **de Bodrum à Istanbul** Bodrum'dan İstanbul'a; **du vin/de la farine/des biscuits** biraz şarap/un/bisküvi; **avez-vous du beurre/des bananes ?** (hiç) tereyağınız/muzunuz var mı?
début *m* başlangıç
débutant(e) *m/f* acemi
décembre aralık
décider karar vermek
décoller kalkmak
déçu hayal kırıklığına uğramış
défaire: défaire sa valise eşyaları bavuldan çıkarmak
défectueux arızalı
défendu yasak
dégoûtant iğrenç
dehors dışarda; **dehors !**

defol!
déjà bile
déjeuner *m* öğle yemeği
delco *m* distribütör
délicieux nefis
demain yarın
demander sormak; **demandez à Ahmet** Ahmet'den isteyin
démangeaison *f* kaşıntı
démaquillant *m* cilt temizleyici
demi: un demi-litre/une demi-heure yarım litre/saat
demi-pension *f* yarım pansiyon
dent *f* diş
dentier *m* protez
dentifrice *f* diş macunu
dentiste *m* dişçi
déodorant *m* deodoran
départ *m* kalkış
dépêcher: se dépêcher acele etmek; **dépêchez-vous!** acele edin!
dépendre: ça dépend duruma göre
dépenser harcamak
dépliant *m* broşür
dépression *f* sinir krizi
déprimé kederli
depuis (que) ... ...-den beri
déranger rahatsız etmek; **ça vous dérange si je ...** (sizce) bir mahzuru var mı ...
déraper kaymak
dernier son; **l'année dernière** geçen yıl
derrière arkada
derrière *m* (*du corps*) popo
des *voir* DE
désagréable nahoş

désastre *m* felaket

descendre inmek; (*de véhicule*) inmek

désinfectant *m* antiseptik; (*sanitaire*) dezenfektan

desolé: je suis désolé özür dilerim

dessert *m* tatlı

dessous altta

détendre: se détendre dinlenmek

détester nefret etmek

devant ... ...-in önünde

développer develope etmek

devenir olmak

devoir: je dois/elle doit ... meliyim/... meli

diabétique şeker hastası

dialecte *m* ağız

diamant *m* elmas

diapositive *f* diyapozitif

diarrhée *f* ishal

dictionnaire *m* sözlük

Dieu *m* Allah; (*dieu*) tanrı

différent başka

difficile zor

dimanche pazar

dinde *f* hindi

dîner *m* akşam yemeği

dîner akşam yemeği yemek

dire söylemek

direct direkt

direction *f* yön; (*de voiture*) direksiyon sistemi

discothèque *f* disko

disparaître kaybolmak

disquaire *m* plakçı (dükkânı)

disque *m* plak

disque compact *m* kompakt disk

dissolvant *m* aseton

distance *f* uzaklık

distribanque *m* bankomatik

divorcé boşanmış

docteur *m* doktor

document *m* belge

doigt *m* parmak

dommage: c'est dommage yazık

donner vermek

dormir uyumak

dos *m* sırt

douane *f* Gümrük

double çift

doubler (*en voiture*) geçmek

douche *f* duş

douleur *f* ağrı

douloureux ızdıraplı

doux (*au toucher*) yumuşak; (*au goût*) tatlı

drap *m* çarşaf; **les draps de lit** yatak takımı

drapeau *m* bayrak

drogue *f* uyuşturucu

droit: tout droit dosdoğru

droite sağ; **à droite** sağda; **à droite de ... ...**-in sağında

drôle komik; (*bizarre*) garip

du *voir DE*

dunes *fpl* kumullar

dur sert

duvet *m* yorgan

eau *f* su; **eau potable** içme suyu

eau de Javel *f* çamaşır suyu

eau de toilette *f* o dö tuvalet

eau minérale *f* maden suyu

échanger değiştirmek

écharpe *f* atkı

échelle *f* merdiven

école *f* okul

école de langues f dil okulu
écouter dinlemek
écrire yazmak
écrou m somun
Egée: la mer Egée Ege
église f kilise
élastique m lastik bant
élastique esnek
électricité f elektrik
électrique elektrikli
elle o (voir grammaire)
elles onlar (voir grammaire)
emballer sarmak
embouteillage m trafik tıkanıklığı
embranchement m yol ayrımı
embrasser öpmek
embrayage m debriyaj
emmener (en voiture) otomobile almak
emporter: à emporter dışarıya götürmek
emprunter ödünç almak
en: en France Fransa'da; **en français** Fransızca; **en 1945** 1945 de; **je vais en Turquie** Türkiye'ye gidiyorum; **en voiture** otomobil ile
enceinte gebe
enchanté ! tanıştığımıza memnun oldum!
encore (toujours) hala; (de nouveau) yine; **encore une bière** bir bira daha; **encore plus beau** daha da güzel; **pas encore** henüz değil
endommager zarar vermek
endormi uykuda
enfant m çocuk
enfin nihayet
enflé şişmiş

enlever alıp götürmek
ennuyeux (désagréable) can sıkıcı; (lassant) sıkıcı
enregistrement des bagages m bagaj kayıt, çekin
enrhumé: je suis enrhumé soğuk aldım
enseignant m öğretmen
enseigner öğretmek
ensemble birlikte
ensoleillé güneşli
ensuite sonradan
entendre duymak
enterrement m cenaze
entier bütün
entonnoir m huni
entre arasında
entrée f giriş; (de repas) meze, antre
entrer girmek; **entrez !** giriniz!
enveloppe f zarf
envie f: **j'ai envie de ...** canım ... istiyor
environ yaklaşık
envoyer göndermek
épais kalın
épaule f omuz
épice f baharat
épicerie f bakkal
épileptique saralı
épinards mpl ıspanak
épingle f toplu iğne
épingle de nourrice f çengelli iğne
épouvantable berbat
équipage m mürettebat
équipe f takım
équitation f binicilik
erreur f hata
escalier m merdiven
escargot m salyangoz

Espagne *f* İspanya
espagnol İspanyol
espérer ummak
esquimau *m* (*glacé*) eskimo (R)
essayer denemek; (*vêtement*) giyip denemek
essence *f* benzin
essieu *m* aks
essuie-glace *m* silecekler
est *m* doğu; **à l'est de . . .** . . .'in doğusunda
estomac *m* mide
et ve
étage *m* kat
étang *m* havuz
état *m* (*politique*) devlet; (*condition*) hal
Etats-Unis *mpl* Birleşik Amerika
été *m* yaz
éteindre kapamak
étendre: s'étendre gerinmek; (*se reposer*) uzanmak
éternuer hapşırmak
étiquette *f* etiket
étoile *f* yıldız
étonnant şaşırtıcı
étranger *m* (*personne*) yabancı; **à l'étranger** yurt dışında
étranger yabancı
être olmak (*voir grammaire*)
étroit dar
étudiant(e) *m/f* öğrenci
eurochèque *m* Eurocheque
Europe *f* Avrupa
européen Avrupa
eux onlar; onları (*voir grammaire*)
évanouir: s'évanouir bayılmak
évident (ap)açık

évier *m* eviye
exagérer abartmak
excédent de bagages *m* fazla bagaj
excellent mükemmel
excursion *f* yolculuk
excuser: s'excuser özür dilemek; **excusez-moi** affedersiniz
exemple *m* örnek; **par exemple** örneğin
exiger talep etmek
expliquer açıklamak
exposition *f* sergi
exprès (*délibérément*) bile bile; **par exprès** özel ulak
extincteur *m* yangın söndürme cihazı
eye-liner *m* rimel

face: en face de l'église kilisenin karşısında
fâché öfkeli
facile kolay
facteur *m* postacı
faible zayıf
faim: j'ai faim acıktım
faire yapmak; **ça ne fait rien** önemi yok
falaise *f* yar
falloir: il faut que je/qu'elle . . . . . . meliyim/meli
famille *f* aile
farine *f* un
fatigué yorgun
fauché: je suis fauché meteliksizim

faute *f*: **c'est de ma faute/c'est de sa faute** benim hatam/onun hatası
fauteuil roulant *m* tekerlekli sandalye
faux yanlış
félicitations ! tebrikler!
féministe feminist
femme *f* kadın; (*épouse*) karı
femme de chambre *f* oda hizmetçisi
fenêtre *f* pencere
fer *m* demir
fer à repasser *m* ütü
ferme *f* çiftlik
fermé kapalı
fermer kapatmak; **fermer à clé** kilitlemek
fermeture éclair *f* fermuar
ferry-boat *m* feribot
fête *f* parti
feu *m* ateş; **avez-vous du feu ?** ateşiniz var mı?
feuille *f* yaprak
feux arrière *mpl* arka sinyal lambaları
feux d'artifice *mpl* havai fişek
feux de position *mpl* park lambaları
feux de signalisation *mpl* trafik lambaları
février şubat
fez *m* fes
fiancé nişanlı
fiancé(e) *m/f* nişanlı
ficelle *f* ip
fier gururlu
fièvre *f* ateş
fil *m* iplik
fil de fer *m* tel
filet *m* (*viande*) fileto
fille *f* kız; (*de parents*) kız(evlat)

film *m* filim
fils *m* oğul
filtre *m* filtre
fin *f* son
fin zarif
fini bitti
finir bitirmek
flash *m* flaş
fleur *f* çiçek
fleuriste *m* çiçekçi
flirter flört etmek
foie *m* karaciğer
foire *f* panayır
fois *f* kere; **une fois** bir kere
fond *m* dip; **au fond de** altında, dibinde
fond de teint *m* fondöten
fontaine *f* çeşme
football *m* futbol
forêt *f* orman
forme: en forme formda
formulaire *m* formüler
fort güçlü; (*son*) yüksek sesle
fou deli
foulard *m* eşarp
foule kalabalık
fouler: je me suis foulé la cheville bileğimi burktum
four *m* fırın
fourchette *f* çatal
fourmi *f* karınca
fracture *f* kırık
frais taze; (*temps*) serin
fraise *f* çilek
framboise *f* ahududu
français Fransız
Français *m* Fransız; **une Française** Fransız kadını; **les Français** Fransızlar
France *f* Fransa
frapper vurmak
frein *m* fren

frein à main *m* el freni
freiner fren yapmak
frère *m* erkek kardeş
frigo *m* buzdolabı
frire kızartmak
frites *fpl* patates kızartması
froid soğuk; **il fait froid** hava soğuk
fromage *m* peynir
front *m* alın
frontière *f* sınır
fruits *mpl* meyva
fruits de mer *mpl* deniz ürünleri
fuite *f* sızıntı
fumée *f* duman
fumer sigara içmek
fumeurs sigara içilen
furieux kızgın
fusible *m* sigorta
fusil *m* tüfek
futur *m* gelecek

gagner kazanmak
galerie *f* (*de voiture*) üst bagaj yeri
gants *mpl* eldiven
garage *m* servis istasyonu; (*parking*) garaj
garantie *f* garanti
garçon *m* (*enfant*) oğlan; (*serveur*) garson
garder muhafaza etmek
gare *f* istasyon
garer: se garer park etmek
gare routière *f* otobüs terminali
gas-oil *m* mazot
gâteau *m* pasta; **petit**

gâteau bisküvi
gauche *f* sol; **à gauche** solda; **à gauche de . . .** . . .-in solunda
gaucher solak
gaz *m* gaz
gazeux gazlı
gel *m* don
gênant utandırıcı
genou *m* diz
gens *mpl* halk
gibier *m* av eti
gilet *m* hırka
gin *m* cin
gin-tonic *m* cintonik
glace *f* buz; (*à manger*) dondurma
glaçon *m* parça buz
glissant kaygan
golf *m* golf
gomme *f* silgi
gorge *f* boğaz
goût *m* tat
goûter tatmak
goutte *f* damla
gouvernement *m* hükümet
grammaire *f* gramer
grand büyük; (*haut*) uzun boylu
Grande-Bretagne *f* Büyük Britanya
grand-mère *f* büyükanne
grand-père *m* büyükbaba
gras *m* yağ
gras yağlı
gratuit bedava
grec Yunan; (*origine*) Rum
Grec *m*, **Grecque** *f* Yunanlı; (*origine*) Rum
Grèce *f* Yunanistan
grêle *f* dolu
grillé ızgara
grippe *f* grip

FRANÇAIS-TURC

gris gri
gros şişman
grossier kaba
grotte f mağara
groupe m grup
groupe sanguin m kan grubu
guêpe f eşek arısı
guerre f savaş
gueule de bois f akşamdan
  kalmışlık
guichet m bilet gişesi
guide m rehber
guide de conversation m
  yabancı dil kılavuzu
guitare f gitar

habiller giydirmek;
  s'habiller giyinmek
habiter oturmak
habitude f alışkanlık;
  d'habitude genellikle
habituel olağan
hache m balta
hamburger m hamburger
hanche f kalça
handicapé özürlü
haricots mpl fasulye;
  haricots verts taze fasulye
hasard: par hasard tesadüfen
haut yüksek; en haut üstte;
  (dans maison) üst katta
hélicoptère m helikopter
hémorroïdes fpl hemoroid
herbe f ot; (pelouse) çimen;
  des fines herbes çeşni
  veren otlar
heure f saat; quelle heure
  est-il ? saat kaç?; à l'heure
  tam zamanında

heureusement bereket versin
heureux mutlu
hier dün
histoire f (passé) tarih;
  (racontée) hikaye
hiver m kış
hobby m merak
hollandais Hollanda
Hollande f Hollanda
homard m istakoz
homme m adam
homosexuel homoseksüel
honnête dürüst
honte: j'ai honte utanıyorum
hôpital m hastane
hoquet m hıçkırık
horaire m tarife
horloge f saat
horrible korkunç
hors-bord m deniz motoru
hors taxes gümrüksüz
hospitalité f konukseverlik
hôtel m otel
hôtesse de l'air f hostes
huile f yağ
huile d'olive f zeytinyağı
huile solaire f güneş yağı
huitre f istiridye
humeur f keyif
humide nemli
humour m mizah

ici burası, burada
idée f fikir
idiot m budala
il o (voir grammaire)
île f ada
ils onlar (voir grammaire)
immédiatement hemen

70

imperméable *m* yağmurluk
important önemli
impossible imkansız
imprimé *m* matbua
incroyable inanılmaz
indépendant bağımsız
indicatif *m* (*téléphonique*)
  telefon kodu
indigestion *f* hazımsızlık
industrie *f* sanayi
infection *f* enfeksiyon
infirmière *f* hemşire
innocent masum
insecte *m* böcek
insolation *f* güneş çarpması
insomnie *f* uykusuzluk
instrument de musique *m*
  müzik aleti
insupportable iğrenç
intelligent zeki
interdit yasak
intéressant ilginç
intérieur *m*: à l'intérieur içeri
interrupteur *m* düğme
intoxication alimentaire *f*
  gıda zehirlenmesi
invitation *f* davet
invité *m* misafir
inviter davet etmek
Iran *m* İran
Iraq *m* Irak
irlandais İrlanda
Irlande *f* İrlanda
islam *m* İslam
islamique İslami
Istanbul İstanbul
Italie *f* İtalya
italien İtalyan
itinéraire *m* güzergah
ivre sarhoş

jaloux kıskanç
jamais asla; **avez-vous**
  jamais . . . ? hiç . . .'iz mi?
jambe *f* bacak
jambon *m* jambon
janvier ocak
jardin *m* bahçe
jauge *f* ölçek
jaune sarı
jazz *m* caz
je ben (*voir grammaire*)
jean *m* blucin
jeter atmak
jeu *m* oyun
jeudi perşembe
jeune genç
jogging *m* hafif koşu; **faire**
  du jogging cogging
  yapmak
joli güzel
jouer oynamak
jouet *m* oyuncak
jour *m* gün
jour férié *m* resmi tatil
journal *m* gazete
journée *f* gün
juif Yahudi
juillet temmuz
juin haziran
jumeaux *mpl* ikizler
jupe *f* etek
jus *m*: **jus de . . . . . .** suyu
jusqu'à (ce que) . . . . . .'e
  kadar
juste (*équitable*) adil; (*exact*)
  doğru

kilo *m* kilo
kilomètre *m* kilometre
klaxon *m* klakson
kleenex *(R) mpl* kağıt mendil
K-way *m* naylon yağmurluk

la *(pronom)* onu *(voir grammaire)*
là orası
là-bas orada; *(en bas)* aşağıda
lac *m* göl
lacets *mpl* ayakkabı bağı
là-haut yukarıda
laid çirkin
laine *f* yün
laisser *(quelque chose, quelqu'un)* bırakmak; *(permettre)* izin vermek
lait *m* süt
lait solaire *m* güneş losyonu
laitue *f* marul
lame de rasoir *f* jilet
lampe *f* lamba
lampe de poche *f* el feneri
lancer atmak
landau *m* çocuk arabası
langouste *f* istakoz
langoustine *f* kerevit
langue *f* dil
lapin *m* tavşan
laque *f* saç spreyi
lard *m* beykin
large geniş
lavabo *m* lavabo

laver yıkamak; **se laver** yıkanmak
lavomatic *m* otomatlı çamaşırhane
laxatif *m* müshil
le *(pronom)* onu *(voir grammaire)*
leçon *f* ders
lecteur de cassettes *m* kasetli teyp
léger hafif
légumes *mpl* sebze
lent yavaş
lentement yavaşça
lentilles de contact *fpl* kontak lensleri
lentilles dures *fpl* sert lensler
lentilles semi-rigides *fpl* gaz geçirgen lensler
lentilles souples *fpl* yumuşak kontak lensleri
les *(pronom)* onları *(voir grammaire)*
lessive çamaşır; *(en poudre)* çamaşır tozu; **faire la lessive** çamaşır yıkamak
lettre *f* mektup
leur *(possessif)* onların; *(pronom)* onlara; **le/la leur** onlarınki *(voir grammaire)*
lever: se lever kalkmak
levier de vitesses *m* vites kolu
lèvre *m* dudak
librairie *f* kitapçı
libre serbest
lime à ongles *f* tırnak törpüsü
limitation de vitesse *f* hız tahdidi
limonade *f* gazoz
linge sale *m* (kirli) çamaşır
liqueur *f* likör
lire okumak

liste *f* liste
lit *m* yatak; **lit pour une personne/deux personnes** tek/iki kişilik yatak
lit de camp *m* portatif yatak
lit d'enfant *m* çocuk yatağı
litre *m* litre
lits superposés *mpl* ranza
living *m* oturma odası
livre *m* kitap
location de voitures *f* otomobil kiralama
locomotive *f* lokomotif
logement *m* lojman
loger kalmak
loi *f* kanun
loin uzak; **plus loin** ileride
long uzun
longtemps uzun süre
longueur *f* uzunluk
lorsque ... ... zaman
louer kiralamak; **à louer** kiralık
loukoum *m* lokum
lourd ağır
loyer *m* kira
lui o; onu; ona (*voir grammaire*)
lumière *f* ışık
lundi pazartesi
lune *f* ay
lunettes *fpl* gözlük
lunettes de soleil *fpl* güneş gözlüğü

M: M Dumas Bay Dumas
ma benim (*voir grammaire*)
machine à écrire *f* yazı makinesi

machine à laver *f* çamaşır makinesi
macho kabadayı
mâchoire *f* çene
madame madam, bayan; **Madame Ayşe Özen** Bayan Ayşe Özen; (*en parlant*) Ayşe hanım; **pardon madame** affedersiniz efendim
Mademoiselle bayan (*voir MADAME*)
magasin *m* dükkan
magazine *m* dergi
magnétoscope *m* video alıcısı
mai mayıs
maigre sıska
maillot de bain *m* mayo
main *f* el
maintenant şimdi
mairie *f* belediye binası
mais ama
maison *f* ev; **à la maison** evde; **fait maison** evde yapılmış
mal: **j'ai mal ici** buram ağrıyor; **mal à la tête** başağrısı; **j'ai mal à la gorge** boğazım ağrıyor
mal (*adverbe*) kötü; **je me sens mal** midem bulanıyor
malade hasta
maladie *f* hastalık
maladie vénérienne *f* zührevi hastalık
mal de mer *m*: **j'ai le mal de mer** beni deniz tuttu
mal du pays *m*: **j'ai le mal du pays** yurdumu özledim
malentendu *m* yanlış anlama
malheureusement ne yazık ki
maman *f* anne
manger yemek

manquer: tu me manques
seni özledim
manteau *m* palto; *(dames)*
manto
maquillage *m* makyaj
marchand de légumes *m*
manav
marchand de vins *m* Tekel
bayii
marché *m* çarşı
marche arrière geri vites
marcher yürümek; **ça ne**
marche pas çalışmıyor
mardi salı
marée *f* gel-git
margarine *f* margarin
mari *m* koca
mariage *m* düğün
marié evli
marre: j'en ai marre (de)
(. . .-den) bıktım
marron *m* kestane
marron kahverengi
mars mart
marteau *m* çekiç
mascara *m* rimel, maskara
match *m* maç
matelas *m* şilte
matin *m* sabah
mauvais kötü
maux d'estomac *mpl* mide
ağrısı
mayonnaise *f* mayonez
me beni, bana *(voir*
grammaire)
mécanicien *m (garage)* tamirci
médecin *m* doktor
médicament *m* ilaç
Méditerranée *f* Akdeniz
méduse *f* denizanası
meilleur: le/la meilleur(e)
en iyi; **meilleur que** . . .
. . .-den daha iyi

mélanger karıştırmak
melon *m* kavun
même *(identique)* aynı; **même**
les hommes/si erkekler
bile; **même si** . . . . . .-sa
bile; **moi/lui-même**
kendim/kendi
mentir yalan söylemek
menton *m* çene
menu *m (du jour)* tabldot
mer *f* deniz
merci teşekkür ederim
mercredi çarşamba
mère *f* anne
mer Noire *f* Karadeniz
merveilleux şahane
mes benim *(voir grammaire)*
message *m* mesaj
messe *f* ayin
métal *m* metal
météo *f* hava tahmini
métier iş
mètre *m* metre
métro *m* metro
mettre koymak
meubles *mpl* mobilya
midi öğle
miel *m* bal
mien: le mien, la mienne
benimki *(voir grammaire)*
mieux daha iyi
milieu *m* orta
minaret *m* minare
mince ince
minuit gece yarısı
minute *f* dakika
miroir *m* ayna
Mlle Bayan, Bn.
Mme Bayan, Bn.
mobylette *f* moped
mode *f* moda; **à la mode**
modaya uygun
moderne modern

moi ben; **pour moi** benim
  için (*voir grammaire*)
moins daha az; **au moins** en
  azından
mois *m* ay
moitié *f* yarım
mon benim (*voir grammaire*)
monde *m* dünya; **tout le
  monde** herkes
moniteur *m*, **monitrice** *f*
  öğretmen
monnaie *f* bozuk para
monsieur *m* beyefendi;
  Monsieur Ahmet Özen Bay
  Ahmet Özen; (*en parlant*)
  Ahmet bey; **pardon
  monsieur** affedersiniz
  efendim
montagne *f* dağ
monter çıkmak; (*dans
  véhicule*) girmek
montre *f* kol saati
montrer göstermek
monument *m* anıt
moquette *f* halı kaplama
morceau *m* parça
morsure *f* ısırma
mort *f* ölüm
mort ölü
mosquée *f* cami
mot *m* kelime
moteur *m* motor
moto *f* motosiklet
mouche *f* sinek
mouchoir *m* mendil
mouette *f* martı
mouillé ıslak
moules *fpl* midye
mourir ölmek
mousse à raser *f* tıraş köpüğü
moustache *f* bıyık
moustique *m* sivrisinek
moutarde *f* hardal

mouton *m* koyun
moyen âge *m* Orta Çağ
mur *m* duvar
mûr olgun
mûre *f* böğürtlen
muscle *m* kas
musée *m* müze
musée d'art *m* sanat galerisi
musique *f* müzik; **musique
  classique** klasik müzik;
  musique folklorique/pop
  halk/pop müziği
musulman Müslüman
Musulman *m*, **Musulmane** *f*
  Müslüman
myope miyop

nager yüzmek
naître: je suis né en 1963
  1963' de doğdum
nappe *f* masa örtüsü
narguilé *m* nargile
natation *f* yüzme
nationalité *f* uyruk
nature *f* doğa
naturel doğal
nécessaire gerekli
négatif *m* negatif
neige *f* kar
nerveux sinirli
nettoyer temizlemek
neuf yeni
neveu *m* yeğen
névrosé sinir hastası
nez *m* burun
ni … ni … ne … ne …
nièce *f* kız yeğen
Noël Noel; **joyeux Noël !**
  Noeliniz kutlu olsun

noir siyah, kara
noir et blanc siyah beyaz
noix f ceviz
nom m ad
nom de famille m soyadı
nom de jeune fille m kızlık
adı
non hayır
non-fumeurs sigara
içmeyenlere mahsus
nord m kuzey; **au nord de**
. . .'in kuzeyinde
normal normal
nos bizim (*voir grammaire*)
note f (*addition*) hesap
notre bizim (*voir grammaire*)
nôtre: le/la nôtre bizimki
nourriture f yiyecek
nous biz (*voir grammaire*)
nouveau yeni; **de nouveau**
gene
Nouvel An m Yeni Yıl
nouvelles fpl haber
novembre kasım
nu çıplak
nuage m bulut
nuageux bulutlu
nuit f gece; **bonne nuit** iyi
geceler
nulle part hiç bir yerde
numéro m numara
numéro de téléphone m
telefon numarası

objectif m (*d'appareil-photo*)
objektiv, mercek
objets trouvés mpl kayıp eşya
bürosu
obtenir elde etmek

obturateur m obdüratör
occasion: d'occasion elden
düşme
occupé meşgul
occuper: s'occuper de
ilgilenmek
octobre ekim
odeur f koku
œil m göz
œuf m yumurta; **œuf dur/à**
la coque haşlanmış/rafadan
yumurta; **œufs brouillés**
sahanda karılmış yumurta
offrir teklif etmek; (*cadeau*)
vermek
oie f kaz
oignon m soğan
oiseau m kuş
olive f zeytin
ombre f gölge; **à l'ombre**
gölgede
ombre à paupières f far
omelette f omlet
on insan; **on dit que** . . .
diyorlar ki . . .; **on vous**
demande sizi arıyorlar; **est-**
ce qu'on peut . . . ? . . .
yapılabilirmi?
oncle m (*paternel*) amca;
(*maternel*) dayı
ongle m tırnak
opéra m opera
opération f ameliyat
opticien m gözlükçü
optimiste iyimser
or m altın
orage m (gök gürültülü)
fırtına
orange f portakal
orange (*couleur*) turuncu
orchestre m orkestra
ordinateur m bilgisayar
ordonnance f reçete

ordures *fpl* çöp
oreille *f* kulak
oreiller *m* yastık
organiser düzenlemek
orteil *m* ayak parmağı
os *m* kemik
oser cesaret etmek
ou veya
où? nerede?; **où est . . . ?** . . .
   nerede?
oublier unutmak
ouest *m* batı; **à l'ouest de**
   . . . . .'in batısında
oui evet
outil *m* alet
ouvert açık
ouvre-boîte *m* konserve
   açacağı
ouvre-bouteille *m* şişe
   açacağı
ouvrir açmak

pagaille *f* karışıklık
page *f* sayfa
pain *m* ekmek; **pain
   blanc/complet** has/kepek
   ekmeği
paire *f* çift
palais *m* saray
pamplemousse *m* greypfrut
panier *m* sepet
panique *f* panik
panne *f* arıza; **tomber en
   panne** arıza yapmak
panneau de signalisation *m*
   yol işareti

pansement *m* sargı
pansement adhésif *m* plaster
pantalon *m* pantalon
pantoufles *fpl* terlik(ler)
papa *m* baba
papeterie *f* kırtasiyeci
papier *m* kağıt
papier à lettres *m* mektup
   kağıdı
papier collant *m* seloteyp
papier d'argent *m* gümüş
   yaprak
papier d'emballage *m*
   ambalaj kağıdı
papier hygiénique *m* tuvalet
   kağıdı
papillon *m* kelebek
Pâques Paskalya
paquet *m* koli; *(de cigarettes)*
   paket
par le, ile; *(à travers)*
   içinden; **par semaine**
   haftada; **par le train** trenle
parapluie *m* şemsiye
parc *m* park
parce que çünkü
pardon affedersiniz
pare-brise *m* ön cam
pare-chocs *m* tampon
pareil aynı
parents *mpl* akrabalar; *(père
   et mère)* anne baba
paresseux tembel
parfait mükemmel
parfois bazen
parfum *m* parfüm
parking *m* otopark
parler konuşmak
parmi arasında
partager paylaşmak
partie *f* parça
partir gitmek; ayrılmak
partout her yerde

pas değil; **je ne suis pas fatigué** yorgun değilim; **il n'y a pas de . . . . . .** yok; **je n'ai pas de . . .** bende . . . yok

passage à niveau *m* hemzemin geçit

passage clouté *m* yaya geçidi

passager *m* yolcu

passeport *m* pasaport

passionnant heyecan verici

pastilles pour la gorge *fpl* boğaz pastilleri

pâté *m* pate

pâtes *fpl* makarna

pâtisserie *f* (*gâteau*) pasta, kek; (*magasin*) pastane

patron *m* patron; (*bureau*) şef

pauvre fakir

payer ödemek

pays *m* ülke

paysage *m* manzara

PCV *m* ödemeli

peau *f* cilt

pêche *f* (*fruit*) şeftali; (*au poisson*) balıkçılık

pédale *f* pedal

peigne *m* tarak

peindre boyamak

pelle *f* bel

pellicule couleur *f* renkli filim

pelouse *f* çimen

pendant sırasında; **pendant que . . . . . .** iken

pénicilline *f* penisilin

pénis *m* erkeklik organı

penser düşünmek

pension *f* pansiyon

pension complète *f* tam pansiyon

perdre kaybetmek

père *m* baba

permanente *f* perma

permettre izin vermek

permis *m* izin belgesi

permis serbest

permis de conduire *m* şoför ehliyeti

personne *f* kişi

personne (*nul*) hiç kimse

petit küçük

petit déjeuner *m* kahvaltı

petit pain *m* sandviç ekmeği

petits pois *mpl* bezelye

peu az; **peu de touristes** pekaz turist; **un peu** biraz; **un peu de . . . . . .-**den biraz

peur *f* korku; **j'ai peur (de)** (. . .-den) korkarım

peut-être belki

phallocrate *m* erkek şovenisti

phare *m* (*tour*) deniz feneri

phares *mpl* (*de voiture*) farlar

pharmacie *f* eczane

photographe *m* fotoğrafçı

photographie *f* fotoğraf

photographier fotoğraf çekmek

photomètre *m* pozometre

pickpocket *m* yankesici

pièce de théâtre *f* oyun

pièce de rechange *f* yedek parça

pied *m* ayak; **à pied** yayan

pierre *f* taş

piéton *m* yaya

pile *f* pil

pilote *m* pilot

pilule *f* hap

pince *f* kerpeten

pince à épiler *f* cımbız

pince à linge *f* çamaşır mandalı

pince à ongles *f* tırnak kesme aleti

pinceau *m* fırça
ping-pong *m* masatopu
pipe *f* pipo
piquant (*goût*) acılı
pique-nique *m* piknik
piquer sokmak
piqûre *f* iğne; (*d'insecte*) sokma
pire daha kötü; **le/la pire** en kötü
piscine *f* yüzme havuzu
pistache antep fıstığı
pizza *f* pizza
place *f* (*siège*) oturacak yer; (*esplanade*) meydan
plafond *m* tavan
plage *f* plaj
plaindre: se plaindre şikayet etmek
plaire: ça me plaît beğendim
plaisanterie *f* şaka
plan *m* plan; (*de ville etc*) şehir planı
planche à voile *f* (yelkenli) sörf
plancher *m* yer
plante *f* bitki
plaque minéralogique *m* plaka
plastique *m* plastik
plat *m* yemek
plat düz
plateau *m* tepsi
platine *f* pikap
plein dolu
pleurer ağlamak
pleuvoir yağmak; **il pleut** yağmur yağıyor
plombage *m* dolgu
plombier *m* tesisatçı
plongée sous-marine *f* balık adamlık
plonger dalmak

pluie *f* yağmur
plupart: la plupart de . . . çoğu . . .
plus daha; **plus de . . .** (*fini*) artık . . . yok
plusieurs birkaç
plutôt oldukça
pneu *m* lastik
pneu de rechange *m* yedek lastik
pneumonie *f* zatürree
poche *f* cep
poêle *f* tava
poids *m* ağırlık
poignée *f* (*de porte etc*) kol
poignet *m* bilek
poire *f* armut
poison *m* zehir
poisson *m* balık
poissonnerie *f* balıkçı
poitrine *f* göğüs
poivre *m* biber
poivron *m* biber
poli nazik
police *f* polis
politique *f* politika
politique politik
pollué kirli
pommade *f* merhem
pomme *f* elma
pomme de terre *f* patates
pompiers *mpl* itfaiye
poney *m* midilli
pont *m* köprü; (*de bateau*) güverte
porc (*viande*) domuz eti
port *m* liman
porte *f* kapı; (*aéroport*) kapı
porte-bébé *m* portbebe
portefeuille *m* para cüzdanı
porte-monnaie *m* para çantası
porter taşımak

portier *m* kapıcı
portion *f* porsiyon
porto *m* porto şarabı
possible mümkün, olası
poste *f* postane
poster *m* poster
poster (*verbe*) postalamak
poste restante postrestant
pot *m* sürahi
potage *m* çorba
pot d'échappement *m* egzos
poubelle *f* çöp tenekesi
poule *f* tavuk
poulet *m* tavuk eti
poulpe *m* ahtapot
poumons *mpl* ak ciğerler
poupée *f* bebek
pour için; **pour Ahmet**
Ahmet için
pourboire *m* bahşiş
pour cent yüzde
pourquoi ? niçin?
pourri çürük
pousser itmek
poussette *f* puset
pouvoir: je peux/elle peut . . .
. . . ebilirim/ebilir
pratique pratik
préféré: mon . . . préféré en
beğendiğim . . .
préférer tercih etmek
premier ilk
premier *m* (*étage*) birinci kat
première *f* (*classe*) birinci sınıf
premiers secours *mpl* ilk
yardım
prendre almak
prénom *m* ad
préparer hazırlamak
près: près de yakın; **près
d'ici** yakında
présenter (*deux personnes*)
tanıştırmak

préservatif *m* prezervatif
presque hemen hemen
prêt hazır
prêter ödünç vermek
prêtre *m* rahip
principal esas
printemps *m* ilkbahar
priorité *f* (*voiture*) yol hakkı
prise *f* (*électrique*) fiş;
(*boîtier*) priz
prise multiple *f* adaptör
prison *f* hapishane
privé özel
prix *m* (*coût*) fiyat
probablement muhtemelen
problème *m* sorun
prochain bir sonraki; **l'année
prochaine** gelecek yıl
**proche: le/la . . . le/la plus
proche** en . . . yakın
produits de beauté *mpl*
makyaj malzemesi
professeur *m* öğretmen
profond derin
programme *m* program
promenade *m* yürüyüş
promener: aller se promener
yürüyüşe çıkmak
promettre söz vermek
prononcer demek
propre temiz; **sa propre clef**
kendi anahtarı
propriétaire *m* mal sahibi
prospectus *m* broşür
protège-couches *mpl* çocuk
bezi
protéger korumak
protestant Protestan
prudent dikkatli
prune *f* erik
public *m* halka açık;
(*audience*) seyirci
puce *f* pire

puis ondan sonra
pull(over) *m* kazak
pyjama *m* pijama

quai *m* (*de gare*) platform; (*de port*) rıhtım
qualité *f* kalite
quand ? ne zaman?
quand-même her neyse
quart *m* çeyrek
quartier *m* semt
que: plus laid que daha çirkin; **je ne fume que ...** sadece ... içerim; **je pense que ...** sanıyorum ki ...; **que ... ?, qu'est-ce que ... ?** ne ...?
quel? hangi?
quelque chose bir şey
quelque part bir yerde
quelques ... birkaç ...
quelques-uns bazıları
quelqu'un birisi
question *f* soru
queue *f* (*d'animal, d'attente*) kuyruk; **faire la queue** kuyruk olmak
qui ? kim?
quincaillerie *f* hırdavatçı
quinzaine *f* iki hafta
quoi ? ne?

raccourci *m* kestirme
radiateur *m* radyatör
radio *f* radyo;

(*radiographique*) röntgen
raide dik
raisin *m* üzüm
raisonnable makul
rallonge *f* uzatma kablosu
rapide hızlı
rare ender
raser: se raser tıraş olmak
rasoir *m* ustura
rat *m* sıçan
rater (*train etc*) kaçırmak
ravissant nefis
réception *f* resepsiyon
réceptionniste *m/f* resepsiyoncu
recette *f* yemek tarifi
receveur *m* biletçi
recevoir almak
recommander tavsiye etmek
reconnaissant minnettar
reconnaître tanımak
reçu *m* makbuz
regarder bakmak
régime *m* perhiz
région *f* alan
règles *fpl* ay hali
reine *f* kraliçe
reins *mpl* böbrekler
religion *f* din
rembourser: puis-je être remboursé ? paramı geri verir misiniz?
remercier teşekkür etmek
remorque *f* römork
remplir doldurmak
rencontrer karşılaşmak
rendez-vous *m* randevu
rendre iade etmek
renseignement *m* bilgi
renseignements *mpl* (*bureau*) danışma masası; (*téléphone*) bilinmeyen numaralar

rentrer dönmek; **rentrer à la maison** eve gitmek
renverser devirmek
réparer tamir etmek
repas m yemek
repasser ütülemek
répéter tekrarlamak
répondre yanıtlamak
réponse f yanıt
repos m dinlenme
reposer: se reposer dinlenmek
représentant m temsilci
requin m köpek balığı
réservation f rezervasyon
réserver ayırtmak
réservoir m depo
respirer nefes almak
responsable sorumlu
ressembler à benzemek
ressort m yay
restaurant m restoran
reste m kalan
rester kalmak
retard m gecikme;
    arriver/être en retard gecikmek
retraité m emekli
rétroviseur m dikiz aynası
réunion f toplantı
rêve m rüya
réveil m çalar saat
réveillé uyanık
réveiller uyandırmak; **se réveiller** uyanmak
revenir dönmek
rez-de-chaussée m zemin kat
Rhodes Rodos
rhum m rom
rhumatismes mpl romatizma
rhume m soğuk algınlığı
rhume des foins m saman nezlesi

riche zengin
rideau m perde
ridicule gülünç
rien hiç bir şey
rire gülmek
rivage m sahil
rivière f nehir
riz m pirinç; (*cuit*) pilav
robe f elbise
robe de chambre f sabahlık
robinet m musluk
rocher m kaya
rock m rock müziği
rognons mpl böbrekler
roi m kral
roman m roman
rond yuvarlak
rond-point m dönel kavşak
ronfler horlamak
rose f gül
rose pembe
roue f tekerlek
rouge kırmızı
rouge à lèvres m ruj
rougeole f kızamık
Roumanie f Romanya
route f yol
roux kızıl saçlı
rubéole f kızamıkçık
rue f sokak
ruines fpl harabeler
ruisseau m dere
Russie f Rusya

sa onun (*voir grammaire*)
sable m kum
sac m çanta
sac à dos m sırt çantası
sac à main m el çantası

sac de couchage *m* uyku
tulumu

sac en plastique *m* naylon
torba

saigner kanamak

Saint-Sylvestre *f* Yılbaşı

saison *f* mevsim; **en haute
saison** sezonda

salade *f* salata

sale kirli

salé tuzlu

salle à manger *f* yemek
salonu

salle d'attente *f* bekleme
salonu

salle de bain *f* banyo

salon *m* salon

samedi cumartesi

samovar *m* semaver

sandales *fpl* sandal

sandwich *m* sandviç

sang *m* kan

sans -siz; **sans sucre**
şekersiz

santé *f* sağlık; **bon pour la
santé** sağlıklı; **santé !**
sağlığınıza!

sardine *f* sardalye

sauce *f* sos

saucisse *f* sosis

sauf dışında

saumon *m* som balığı

sauna *m* sauna

sauter atlamak

sauvage yabani

savoir bilmek; **je ne sais pas**
bilmiyorum

savon *m* sabun

scandaleux korkunç

science *f* bilim

seau *m* kova

sec kuru

sèche-cheveux *m* saç

kurutma makinesi

sécher kurutmak

seconde *f(temps)* saniye;
(classe) ikinci sınıf

secret gizli

sécurité *f*: **en sécurité** emin

séduisant çekici

sein *m* göğüs

séjour *m* ikamet

sel *m* tuz

self-service self servis

sels de bain *mpl* banyo
tuzları

semaine *f* hafta

semblable benzer

semelle *f* taban

sens *m* *(direction)* yön

sensible hassas

sentier *m* yol

sentiment *m* duygu

sentir hissetmek; *(avoir
odeur)* kokmak; *(percevoir
odeur)* koklamak; **je me
sens bien/je me sens mal**
kendimi iyi
hissediyorum/kendimi kötü
hissediyorum

séparé ayrı

séparément ayrı ayrı

septembre eylül

sérieux ciddi

serpent *m* yılan

serrure *f* kilit

serveuse *f* garson kız

service *m* servis; *(pourboire)*
servis ücreti

serviette *f(pour documents)*
evrak çantası; *(pour
manger)* peçete

serviette de bain *f* havlu

serviette hygiénique *f* kadın
bağı

servir hizmet etmek

ses onun (*voir grammaire*)
seul yalnız
seulement yalnız
sexe *m* seks
sexiste seksist
sexy cazibeli
shampoing *m* şampuan
shopping *m* alışveriş; **faire du shopping** alışverişe çıkmak
shorts *mpl* şort
si (*condition*) eğer; (*tellement*) öyle; (*mais oui*) tabii
SIDA *m* AIDS
siècle *m* yüzyıl
siège *m* oturacak yer
sien: le sien, la sienne onunki (*voir grammaire*)
signer imza etmek
signifier demek
silence *m* sessizlik; **silence !** gürültü yapmayın!
s'il vous plaît lütfen
simple basit
sincère içten
sinon yoksa
ski *m* kayak
skier kayak yapmak
ski nautique *m* su kayağı
slip *m* külot
slip de bain *m* mayo
société *f* dernek, kurum; (*entreprise*) şirket
sœur *f* kız kardeş
soie *f* ipek
soif *f*: **j'ai soif** susadım
soir *m* akşam; **ce soir** bu gece
soirée *f* akşam
**soit ... soit ... ** ya ... ya ...
soldes *mpl* indirimli satış
soleil *m* güneş
sombre karanlık

sommeil: j'ai sommeil uykum geldi
somnifère *m* uyku ilacı
son onun (*voir grammaire*)
sonnette *f* zil
sortie *f* çıkış
sortie de secours *f* tehlike çıkışı
sortir çıkmak
souci *m* kaygı; **se faire du souci (pour) ... ... ** (için) kaygılanmak
soucoupe *f* fincan tabağı
soudain aniden
souhaits: à vos souhaits ! çok yaşa!
souk *m* çarşı
soupe *f* çorba
sourcil *m* kaş
sourd sağır
sourire gülümsemek
souris *f* fare
sous altında
sous-sol *m* bodrum
sous-vêtements *mpl* iç çamaşırı
soutien-gorge *m* sütyen
souvenir *m* hatıra
souvenir: se souvenir de hatırlamak; **je m'en souviens** hatırlıyorum
souvent sık sık
spécialement özellikle
spécialité *f* (*de restaurant*) spesiyalite
sport *m* spor
starter *m* jikle
stationner park etmek
station-service *f* benzin istasyonu
steak *m* biftek
stérilet *m* spiral
steward *m* kabin memuru

stop *m* otostop; **faire du stop** otostop yapmak
studio *m* (*appartement*) küçük daire
stupide aptal
stylo *m* dolma kalem
stylo à bille *m* tükenmez
stylo-feutre *m* keçe uçlu kalem
succès *m* başarı
sucre *m* şeker
sucré tatlı
sud *m* güney; **au sud de . . . . . .**'in güneyinde
suffire: ça suffit bu kadar yeter
Suisse *f* İsviçre
suisse İsviçreli
suivant (*adjectif*) bir sonraki
suivre takip etmek; **faire suivre** iletmek
super fantastik
supermarché *m* süpermarket
supplément *m* ek ücret
supporter: je ne supporte pas les spaghettis makarnadan nefret ederim
sur üstünde
sûr emin
surf *m* sörf
surgelé donmuş; **les surgelés** dondurulmuş yiyecekler
surnom *m* takma ad
surprenant şaşırtıcı
surprise *f* sürpriz
survêtement de sport *m* eşofman
sympathique hoş
synagogue *f* sinagog
Syrie *f* Suriye

T

ta senin (*voir grammaire*)
tabac *m* tütün
tabac-journaux *m* gazete bayii
table *f* masa
tableau *m* resim, tablo
tableau de bord *m* kumanda tablosu
tache *f* leke
taille *f* (*grandeur*) büyüklük; (*partie du corps*) bel
taille-crayon *m* kalemtıraş
tailleur *m* terzi; (*vêtement*) kostüm
talc *m* talk pudrası
talon *m* topuk
tampon *m* tampon
tante *f* (*maternel*) teyze; (*paternel*) hala
tapis *m* halı
tard geç
tarte *f* tart; **tarte aux pommes** *f* elmalı tart
tasse *f* fincan
taureau *m* boğa
taxi *m* taksi
te seni (*voir grammaire*)
teinturier *m* kuru temizleyici
téléférique *m* teleferik
télégramme *m* telgraf
téléphone *m* telefon
téléphoner (à) telefon etmek
télésiège *m* telesiyej
télévision *f* televizyon
témoin *m* tanık
température *f* sıcaklık
tempête *f* fırtına
temple *m* Protestan kilisesi; (*antique*) tapınak

temps *m* zaman; (*météo*) hava
tenir tutmak
tennis *m* tenis
tennis *fpl* spor ayakkabısı
tente *f* çadır
terminer bitirmek
terrain pour caravanes *m* mocamp
terre *f* toprak
tes senin (*voir grammaire*)
tête *f* baş
thé *m* çay
théâtre *m* tiyatro
théière *f* demlik
thermomètre *m* termometre
thermos *m* termos
thon *m* ton balığı
tiède ılık
tien: le tien/la tienne seninki (*voir grammaire*)
timbre *m* pul
timide çekingen, utangaç
tire-bouchon *m* tirbuşon
tirer çekmek
tissu *m* kumaş
toast *m* kızarmış ekmek
toi sen (*voir grammaire*)
toilettes *fpl* tuvalet
toit *m* dam
tomate *f* domates
tomber düşmek; **laisser tomber** düşürmek
ton senin (*voir grammaire*)
tonnerre *m* gök gürültüsü
torchon à vaisselle *m* kurulama bezi
tôt erken
toucher dokunmak
toujours her zaman; (*encore*) hala
tour *f* kule
touriste *m/f* turist

tourner döndürmek; (*en voiture etc*) dönmek
tournevis *m* tornavida
tout: tous les hommes/toutes les femmes bütün erkekler/bütün kadınlar; **toute la bière** biranın hepsi; **toute la journée** bütün gün; **tous les jours** her gün; **tous les deux** her ikisi de; **tout** her şey; **en tout** tümüyle
tousser öksürmek
toux *f* öksürük
tradition *f* gelenek
traditionnel geleneksel
traduire tercüme etmek
train *m* tren
tranche *f* dilim
tranquille sakin
transmission *f* transmisyon
transpirer terlemek
travail *m* iş
travailler çalışmak
travaux *mpl* (*sur la route*) yol inşaatı
traverser geçmek
très çok
tricoter örmek
triste üzgün
Troie Truva
trop çok fazla; **trop cher/vite** fazla pahalı/hızlı; **pas trop** pek (fazla) değil
trottoir *m* kaldırım
trou *m* delik
trouver bulmak
T-shirt *m* tişört
tu sen (*voir grammaire*)
tuer öldürmek
tunnel *m* tünel
Turc *m*, **Turque** *f* Türk
turc Türk

FRANÇAIS-TURC

turc *m* Türkçe
Turquie *f* Türkiye
tuyau *m* boru

un, une bir (*voir grammaire*)
université *f* üniversite
urgence *f* acil durum
urgent acil
usine *f* fabrika
ustensiles de cuisine *mpl* kap
  kaçak
utile yararlı
utiliser kullanmak

vacances *fpl* tatil; **les
  grandes vacances** yaz tatili
vaccination *f* aşılama
vache *f* inek
vagin *m* vajina
vague *f* dalga
vaisselle *f* (*propre*) bulaşık;
  faire la vaisselle bulaşık
  yıkamak; **produit de
  vaisselle** bulaşık deterjanı
valable geçerli
valise *f* bavul, valiz
vallée *f* vadi
vanille *f* vanilya
variable değişken
vase *m* vazo
veau *m* (*viande*) dana eti
végétarien vejeteryen
véhicule *m* taşıt
vélo *m* bisiklet
vendre satmak; **à vendre**
satılık
vendredi cuma
venir gelmek
vent *m* rüzgar
vente *f* satış
ventilateur *m* vantilatör
ventre *m* mide
vérifier kontrol etmek
vernis à ongles *m* tırnak
  cilası
verre *m* bardak
verrou *m* sürgü
verrouiller sürgülemek
vert yeşil
vessie *f* mesane
veste *f* ceket
vestiaire *m* vestiyer
vêtements *mpl* giyim eşyası
vétérinaire *m* veteriner
veuf *m* dul
veuve *f* dul
vexer gücendirmek
viande *f* et
viande hachée *f* kıyma
vide boş
vidéo *f* video
vie *f* hayat
vieux yaşlı; (*chose*) eski
vignoble *m* bağ
vilebrequin *m* krank mili
villa *f* villa
village *m* köy
ville *f* şehir
vin *m* şarap; **vin
  rouge/blanc/rosé**
  kırmızı/beyaz/pembe şarap
vinaigre *m* sirke
vinaigrette *f* salata sosu
viol *m* ırza geçme
violet mor
virage *m* viraj
vis *f* vida
visa *m* vize

FRANÇAIS-TURC

visage m yüz
viseur m vizör
visite f ziyaret
visiter ziyaret etmek
vitamines fpl vitamin(ler)
vite hızla
vitesse f hız; (première etc)
  vites
vivant canlı
vivre yaşamak
vœux mpl: **meilleurs vœux**
  en iyi dileklerimle
voici burada
voilà işte
voile f yelken; (sport)
  yelkencilik
voir görmek
voisin(e) m/f komşu
voiture f otomobil
voix f ses, uçuş
vol m (d'avion) uçak seferi;
  (criminel) hırsızlık
volaille f kümes hayvanları
volant m (de voiture)
  direksiyon
voler (dérober) çalmak; (dans
  l'air) uçmak
volets mpl kepenk
voleur m hırsız
vomir: j'ai envie de vomir
  kusacağım galiba
vos sizin (voir grammaire)
votre sizin (voir grammaire)
vôtre: le/la vôtre sizinki (voir
  grammaire)
vouloir istemek; **je veux** . . .
  . . . istiyorum; **voulez-
  vous** . . . ? . . . istiyor
  musunuz?
vous siz (voir grammaire)
voyage m yolculuk; **bon
  voyage !** iyi yolculuklar!
voyage d'affaires m iş

  seyahati
voyage de noces m balayı
voyage organisé m paket tur
voyager seyahat
vrai gerçek
vraiment gerçekten
vue f manzara

wagon m vagon
wagon-lit m yataklı vagon
wagon-restaurant m vagon
  restoran
walkman (R) m walkman
week-end m hafta sonu
whisky m viski

y orası; **il y a** . . . . . . var; **y
  a-t-il** . . . ? . . . var mı?; **il y a
  trois jours** üç gün önce
yacht m yat
yaourt m yoğurt

zéro sıfır
zone piétonne f yayalara
  mahsus bölge
zoo m hayvanat bahçesi

L'ordre alphabétique turc diffère du français de la manière suivante : c, ç ; g, ğ ; ı, i ; o, ö ; s, ş ; u, ü.

A

abartmak exagérer
abi frère aîné
abla sœur aînée
acayip bizarre
acele etmek se dépêcher; **acele et!** dépêchez-vous !
acemi débutant
acenta agence
acı amer
acıkmak avoir faim; **acıktım** j'ai faim
acılı piquant
acil urgent
acil durum urgence
açık clair; évident; ouvert; allumé
açıklamak expliquer
açmak ouvrir; allumer
ad nom; prénom; **adım Ayşe** je m'appelle Ayşe; **adınız ne(dir)?** comment vous appelez-vous ?
ada île
adam homme
adaptör adaptateur; prise multiple
adet coutume

adil juste, équitable
adres adresse
adres defteri carnet d'adresses
affedersiniz pardon; excusez-moi
afiş affiche
afiyet olsun! bon appétit !
ağaç arbre
ağır lourd
ağırlık poids
ağız bouche; dialecte
ağlamak pleurer
ağrı douleur; **buram ağrıyor** j'ai mal ici
ağrı giderici ilaçlar analgésiques
ağustos août
ahali gens, monde
ahçı cuisinier
ahtapot poulpe
ahududu framboise
AIDS SIDA
aile famille
ait olmak appartenir
ak ciğerler poumons
Akdeniz Méditerranée
akıllı intelligent
akıtma crêpe
akrabalar parents
aks essieu
aksan accent

akşam soir; soirée; **akşam
11** 11 heures du soir
akşam yemeği dîner
akşam yemeği yemek dîner
(*verbe*)
aktarma yapmak changer de
train
akü batterie
alan région
alaturka à la turque
alçak bas
alet appareil; outil
alın front
alıp götürmek enlever
alışkanlık habitude
alışveriş shopping; **alışverişe çıkmak** faire du
shopping
alışveriş merkezi centre
commercial
alkolsüz içki boisson non-
alcoolisée
Allah Dieu; **Allah razı
olsun** à vos souhaits !
almak recevoir; prendre
Alman allemand
Almanya Allemagne
alt fond
altın or
altında sous; au fond de
altta dessous
ama mais
ambalaj kağıdı papier
d'emballage
amca oncle
ameliyat opération
ampul ampoule (*électrique*)
Anadolu Asie Mineure
anahtar clé
anıt monument
ani soudain
aniden tout à coup
anjin angine de poitrine

anlamak comprendre
anne mère
anne baba parents (*père et
mère*)
antep fıstığı pistache
antibiyotik antibiotique
antifriz antigel
antihistamin
antihistaminique
antikacı antiquaire (*magasin*)
antiseptik désinfectant
antrenör entraîneur
apandisit appendicite
apartman dairesi
appartement
aptal stupide
ara intervalle
araba voiture
aralık décembre
aramak chercher
Arap arabe
arasında parmi; entre
arı abeille
arıza panne; **arıza yapmak**
tomber en panne
arızalı défectueux
arka arrière
arkada derrière
arkadan göndermek faire
suivre
arkadaş ami; amie
arka sinyal lambaları feux
arrière
armut poire
artık ... yok plus de ... (*fini*)
asansör ascenseur
aseton dissolvant
askı cintre
asla jamais
astım asthme
Asya Asie
aşağı là-bas; en bas
aşçı cuisinier

aşmak traverser
aşı vaccination
at cheval
ata ancêtre
ateş fièvre; feu; **ateşiniz var mı?** avez-vous du feu ?
Atina Athènes
atkı écharpe
atlamak sauter
atmak jeter; lancer
av eti gibier
Avrupa Europe; européen
avukat avocat
Avusturya Autriche
ay mois; lune
ayak pied
ayak bileği cheville
ayakkabı chaussures
ayakkabı bağı lacets
ayakkabı cilası cirage
ayakkabı tamircisi cordonnier
ayak parmağı orteil
ayakta durmak se tenir debout
aybaşı règles; premier du mois (*jour de paie*)
ay hali règles
ayılmak revenir à soi
ayırtmak réserver
ayin messe
ayna miroir
aynı même; pareil
ayrı séparé
ayrı ayrı séparément
ayrılmak partir
az peu; peu de
az pişmiş mal cuit; bleu (*steak*)

B

baba père
bacak jambe
bacanak beau-frère
bademcik iltihabı angine
bagaj coffre; bagages
bagaj kayıt enregistrement des bagages
bağ vignoble
bağımsız indépendant
bağırmak crier
bağlantı correspondance (*de trains*)
baharat épice
baharatlı épicé
bahçe jardin
bahşiş pourboire
bakkal épicerie
bakmak regarder; s'occuper de
bal miel
balayı voyage de noces
baldız belle-sœur
balık poisson
balık adamlık plongée sous-marine
balıkçı poissonnerie
balıkçılık pêche (*au poisson*)
balsam baume après-shampoing
balta hache
bana me, à moi
banka banque
banknot billet de banque
bankomatik distribanque
banliyö banlieue
banyo bain; salle de bain
banyo tuzları sels de bain
bardak verre
barmen barman

barmen kız serveuse
barsak intestin
basit simple
basur hémorroïdes
baş tête
başağrısı mal à la tête
başarı succès
başka autre; différent;
  başka bir şey autre chose;
  başka bir yerde ailleurs
başlamak commencer
başlangıç début
batı ouest
batmak couler (*bateau*)
battaniye couverture
bavul valise
Bay Monsieur
bayan dame
Bayan Mademoiselle;
  Madame
bayan(lar) toilettes pour
  dames
bayılmak s'évanouir
bayrak drapeau
bazen parfois
bazı quelques-uns
bebek bébé; poupée
bedava gratuit
beden taille
beğendim ça me plaît
bej beige
bekar célibataire
beklemek attendre; **beni**
  bekleyin! attendez-moi !
bekleme salonu salle
  d'attente
bel pelle; taille (*partie du
  corps*)
Belçika Belgique; belge
belediye binası mairie
belge certificat; document
belki peut-être
belli évident

ben je; **ben de** moi aussi;
  benim için pour moi
bende sur moi *etc*
benden de moi
beni me, moi
benim mon, ma, mes
benimki le mien, la mienne
  etc
benzemek ressembler à
benzer semblable
benzin essence
benzin istasyonu station-
  service
beraber ensemble
berbat épouvantable, affreux
berber coiffeur
bereket versin heureusement
beyaz blanc
beyaz zehir drogue
beyefendi monsieur
bezelye petits pois
bıçak couteau
bırakmak laisser
bıyık moustache
biber poivre; poivron
biftek steak
bile même; **bile bile** exprès
bilek poignet
bilet billet
biletçi receveur
bilet gişesi guichet
bilezik bracelet
bilgi renseignement
bilgisayar ordinateur
bilim science
bilinmeyen numaralar
  renseignements
  (*téléphonique*)
bilmek savoir; **bilmiyorum**
  je ne sais pas; **Fransız**
  biliyor musunuz? parlez-
  vous français ?
bina bâtiment

binicilik équitation
biniş kartı carte d'embarquement
bir un, une
bira bière
biraz un peu; quelques-uns
birinci kat premier (*étage*)
birinci sınıf première (*classe*)
birisi quelqu'un
birkaç plusieurs; quelques
bir kere une fois
Birleşik Amerika Etats-Unis
bir parça un peu
bir sonraki suivant
bir şey quelque chose
bir yerde quelque part
bisiklet bicyclette
bisikletli cycliste
bisiklet sporu cyclisme
bisküvi petit gâteau
bitirmek terminer
bitişiğinde, bitişik à côté de
bitki plante
bitti fini
biz nous
Bizans byzantin
bizde sur nous *etc*
bizden de nous
bize, bizi nous
bizim notre, nos
bizimki le/la nôtre
bizler nous
blucin jean
bluz chemisier
bodrum sous-sol
boğa taureau
boğaz gorge; **boğazım ağrıyor** j'ai mal à la gorge
boğaz pastil(ler)i pastille(s) pour la gorge
boğmaca coqueluche
bomba bombe
bone bonnet de bain

boru tuyau
boş vide
boşanmış divorcé
boyamak peindre
boyun cou
bozuk hors service, en panne
bozuk para monnaie
böbrekler reins; rognons
böcek insecte
böcek ilacı crème anti-insecte
böğürtlen mûre
böyle comme ceci
bronzlaşmak bronzer
bronz ten bronzage
broş broche
broşür dépliant; prospectus
Brüksel lahanası choux de Bruxelles
bu ce, cette; ceci; celui-ci; **bu ...-lar** ces
buçuk demi
budala idiot
bugün aujourd'hui
bu gece ce soir
buji bougie (*de voiture*)
bulaşık vaisselle; **bulaşık yıkamak** faire la vaisselle
bulaşık deterjanı produit de vaisselle
bulaşık lavabosu évier
bulmak trouver
bulut nuage
bulutlu nuageux
bunlar ceux-ci, celles-ci
burada voici
burası ici
burun nez
but cuisse
buyot bouillotte
buz glace
buzdolabı frigo
buzluk congélateur
büfe snack-bar

TURC-FRANÇAIS

büro bureau
bütün tout; entier
büyük grand
büyükanne grand-mère
büyükbaba grand-père
büyük elçilik ambassade
büyüklük taille; grandeur
büyütme agrandissement

cadde rue
cami mosquée
cankurtaran ambulance
canlı vivant
can sıkıcı ennuyeux
caz jazz
cazibeli sexy
ceket veste
cemiyet société
cenaze enterrement
cep poche
cesaret etmek oser
cesur courageux
ceza amende; punition
cımbız pince à épiler
ciddi sérieux
cilt peau
cilt temizleyici démaquillant
cin gin
cintonik gin-tonic
cogging yapmak faire du
  jogging
cuma vendredi
cumartesi samedi

çabuk rapide; çabuk ol!

dépêchez-vous !
çadır tente
çağırmak appeler
çağlayan cascade
çakı canif
çakmak briquet
çalar saat réveil
çalışmak travailler;
  marcher; çalışmıyor ça ne
  marche pas
çalıştırmak mettre en marche
çalmak voler; dérober; jouer
çamaşır linge sale; lessive;
  çamaşır yıkamak faire la
  lessive
çamaşırhane blanchisserie
çamaşır makinesi machine à
  laver
çamaşır mandalı pince à linge
çamaşır suyu eau de Javel
çamaşır tozu lessive (*en
  poudre*)
çan cloche
Çanakkale Boğazı
  Dardanelles
çanta sac
çapa ancre
çarpışma collision
çarşaf drap
çarşamba mercredi
çarşı marché, souk
çartır (seferi) charter
çatal fourchette
çatal bıçak couverts
çay thé
çaydanlık bouilloire
çek chèque
çek defteri chéquier
çekici séduisant
çekiç marteau
çekilip gitmek s'en aller
çekin enregistrement des
  bagages

çekingen timide
çekmek tirer
çene menton; mâchoire
çengelli iğne épingle de
  nourrice
çeşme fontaine
çeyrek quart
çığlık atmak crier
çıkış sortie
çıkmak sortir; monter; çık
  dışarı! dehors !
çıplak nu
çiçek fleur
çiçekçi fleuriste
çift double; paire
çiftçi agriculteur
çiftlik ferme
çiğ cru
çiklet chewing-gum
çikolata chocolat
çilek fraise
çimen pelouse
çips chips
çirkin laid
çivi clou
çizme botte
çocuk enfant
çocuk arabası landau
çocuk bakıcısı baby-sitter
çocuk bezi protège-couches
çocuk porsiyonu portion
  pour enfants
çocuk yatağı lit d'enfant
çoğu... beaucoup de...; la
  plupart (de)
çok beaucoup (de); très; çok
  fazla trop; çok yaşa! à vos
  souhaits !
çorap(lar) chaussettes; bas
çorba potage; soupe
çöp ordures
çöp tenekesi poubelle
çünkü parce que

çürük bleu (*sur la peau*);
  pourri

D

-da à; dans; en; sur;
  istayonda à la gare
dağ montagne
daha plus; daha iyi mieux;
  daha kötü pire; bir bira
  daha encore une bière
dahil compris, inclus
daire appartement; bureau
dakika minute
dalga vague
dalmak plonger
dam toit
damat beau-fils, gendre
damla goutte
-'dan: İstanbul'dan
  Bodrum'a d'Istanbul à
  Bodrum; ...-dan beri
  depuis (que); ...-dan biraz
  un peu de; ...-dan daha
  iyi mieux que
dana eti veau
danışma masası
  renseignements
dans etmek danser
dar étroit
dava procès
davet invitation
davet etmek inviter
dayı oncle
de aussi
-de *voir -DA*
debriyaj embrayage
dede grand-père
defol! dehors !
değerli cher, de valeur

değil pas; **yorgun değilim**
je ne suis pas fatigué
değişken variable
değiştirmek échanger;
changer
deli fou
delik trou
delikanlı adolescent(e)
demek signifier; prononcer;
dire
demir fer
demiryolu chemin de fer
demlik théière
-den *voir* **-DAN**
denemek essayer
deniz mer; **beni deniz tuttu**
j'ai le mal de mer
denizanası méduse
deniz feneri phare
deniz gezisi croisière
deniz kabuğu coquillage
deniz motoru hors-bord
deniz ürünleri fruits de mer
deniz yosunu algues
deprem tremblement de terre
dere ruisseau
dergi magazine
derhal immédiatement
deri cuir
derin profond
dernek société
ders leçon
devam etmek continuer
deve chameau
devirmek renverser
devlet état
dezenfektan désinfectant
dışarı dehors
dışında sauf
dibinde au fond de
Dicle Tigre
diğer autre
dik raide

dikiz aynası rétroviseur
dikkat! attention !
dikkatli prudent
dikmek coudre; planter
dil langue
dil okulu école de langues
dilek: en iyi dileklerimle
meilleurs vœux
dilim tranche
din religion
dinlemek écouter
dinlenme repos
dinlenmek se détendre; se
reposer
direksiyon volant
direksiyon sistemi direction
dirsek coude
distribütör delco
diş dent
diş ağrısı mal de dents
dişçi dentiste
diş fırçası brosse à dents
diş macunu dentifrice
diz genou
doğa nature
doğal naturel
doğmak: 1963' de doğdum je
suis né en 1963
doğru correct; droit
doğrulamak confirmer
doğu est
doğum günü anniversaire;
**doğum gününüz kutlu
olsun!** bon anniversaire !
dokunmak toucher
dolap armoire
doldurmak remplir
dolgu plombage
dolma kalem stylo
dolmuş taxi collectif
dolu plein; grêle
domates tomate
domuz cochon

domuz eti porc
don gel; slip
dondurma glace
dondurulmuş yiyecekler surgelés
donmuş surgelé
dosdoğru tout droit
dost ami
döndürmek tourner
dönel kavşak rond-point
dönmek revenir; rentrer
döviz kuru cours du change
dudak lèvre
dul veuf; veuve
duman fumée
durak arrêt
durgun calme; immobile
durmak s'arrêter; **dur!** arrête !
durum situation; **duruma göre** ça dépend
duş douche
duvar mur
duygu sentiment
duymak entendre
düğme bouton; interrupteur
düğün mariage
dükkan magasin
dün hier
dünya monde
dürüst honnête
düşmek tomber
düşünmek penser
düşürmek laisser tomber
düz plat
düzenlemek organiser
düzine douzaine

E

... **ebilir/**... **ebilirim** il/elle

peut ... /je peux ...; ...
ebilir misiniz? pouvez-vous ... ?
eczane pharmacie
efendim? comment ?
Ege Égée
egzos pot d'échappement
eğer si
eğlenmek s'amuser
-e kadar jusqu'à (ce que)
ekim octobre
ekmek pain
ekşi acide
ek ücret supplément
el main
elastiki élastique
elbette bien sûr
elbise robe
el çantası sac à main
elçilik ambassade
elden düşme d'occasion
el bagajı bagages à main
eldiven gants
elektrik électricité
elektrik kesilmesi coupure de courant
elektrikli électrique
elektrik süpürgesi aspirateur
el feneri lampe de poche
el freni frein à main
elma pomme
elmalı tart tarte aux pommes
elmas diamant
elma şekeri pomme candy
el sanatları artisanat
emanet consigne
emekli retraité
emin en sécurité; sûr
emniyet kemeri ceinture de sécurité
en le/la plus
en azından au moins
ender rare

endişe etmek se faire du
  souci pour
enfeksiyon infection
enişte beau-frère
erik prune
erkek arkadaş petit ami
erkek çocuk garçon
erkek kardeş frère
erkekler tuvaleti toilettes
  pour messieurs
erken tôt
erkenden en avance
esas principal
eski ancien
esnasında pendant
esnek élastique
eş femme; mari
eşarp foulard
eşek âne
eşek arısı guêpe
eşlik etmek accompagner
eşofman survêtement de
  sport
eşya meubles; affaires
et viande
etek jupe
ev maison; **evde** à la
  maison; **eve gitmek** rentrer
  à la maison
evet oui
evli marié
evrak çantası serviette (*pour
  documents*)
evvelki gün avant-hier
eylül septembre

fabrika usine
fakat mais

fakir pauvre
far phare; ombre à paupières
fare souris
fark différence
fasulye haricots
fatura facture
fazla trop; **fazla bagaj**
  excédent de bagages; **fazla
  pişmiş** trop cuit
felaket désastre
felç attaque
fener lampe; phare
feribot ferry-boat; bac
fermuar fermeture éclair
fes fez
fındık noix; noisette
Fırat Euphrate
fırça brosse; pinceau
fırın boulangerie; four
fırtına tempête
fikir idée
fileto filet
filim film
filim banyo etmek
  développer
fincan tasse
fincan tabağı soucoupe
fiş prise (*électrique*)
fiyat prix
flaş flash
flört etmek flirter
fondöten fond de teint
formda en forme
formüler formulaire
fotoğraf photographie
fotoğraf çekmek
  photographier
fotoğrafçı photographe
fotoğraf makinesi appareil-
  photo
fön brushing
Fransa France; **Fransa'da** en
  France

Fransız français;
  Français(e); **Fransızlar** les
  Français
fren frein
fren yapmak freiner
futbol football

garip drôle
garson garçon (serveur)
garson kız serveuse
gazete journal
gazete bayii tabac-journaux
gazino café-concert; café
  avec terrasse
gazlı gazeux
gaz pedalı accélérateur
gebe enceinte
gebeliği önleyici contraceptif
gece nuit
gece kulübü boîte de nuit
gecelik chemise de nuit
gece yarısı minuit
gecikme retard
geç tard; **geç kalmak**
  arriver/être en retard; **geçen**
  yıl l'année dernière
geçerli valable
geçit col
geçmek traverser; doubler
gelecek futur; **gelecek yıl**
  l'année prochaine
gelenek tradition
geleneksel traditionnel
gel-git marée
gelin belle-fille (bru); marié
gelmek venir
geliştirmek améliorer
gemi bateau
genç jeune; adolescent;

gençler jeunes
gene de nouveau
genellikle d'habitude
geniş large
gerçek vrai; authentique
gerçekten vraiment
gerçi bien que
gerekli nécessaire
geride derrière
geri vites marche arrière
germek étendre
gerinmek s'étendre
getirmek apporter
gıda zehirlenmesi
  intoxication alimentaire
gibi comme
gidiş-dönüş bilet aller retour
giriniz! entrez !
giriş entrée
Girit Crète
girmek entrer dans
gitar guitare
gitmek aller; **İstanbul'a**
  gidiyorum je vais à Istanbul
giydirmek habiller
giyim eşyası vêtements
giyinmek s'habiller
giyip denemek essayer
gizli secret
göğüs sein; poitrine
gök ciel
gök gürültüsü tonnerre
gök kuşağı arc-en-ciel
göl lac
gölge ombre; **gölgede** à
  l'ombre
gömlek chemise
göndermek envoyer
görmek voir
görümce belle-sœur
görünmek avoir l'air
göstermek montrer
göz œil

gözleme crêpe
gözlük lunettes
gözlükçü opticien
gramer grammaire
greypfrut pamplemousse
gri gris
grip grippe
grup groupe
gururlu fier
gücendirmek vexer
güçlü fort
gül rose
güle güle au revoir
gülmek rire
gülünç ridicule
gülümseme sourire
gülümsemek sourire (verbe)
Gümrük douane
gümrüksüz hors taxes
gümüş argent (métal)
gümüş yaprak papier
d'argent
gün jour; journée
günaydın bonjour
günbatımı coucher de soleil
günce agenda
güneş soleil
güneş (ışığı) soleil
güneş banyosu yapmak se
faire bronzer
güneş çarpması insolation
güneş gözlüğü lunettes de
soleil
güneşli ensoleillé
güneş losyonu lait solaire
güneş merhemi écran total
güneş yağı huile solaire
güneş yanığı coup de soleil
güney sud
gürültü bruit
gürültülü bruyant; gürültü
yapmayın! silence !
güverte pont (de bateau)

güzel beau; bon; joli
güzergah itinéraire

haber nouvelles
hafif léger
hafif koşu jogging
hafif yemek casse-croûte
hafta semaine; haftada par
semaine
hafta sonu week-end
hala encore; tante
halı tapis
halı kaplama moquette
Haliç Corne d'Or
halk peuple
halka açık public
halk müziği musique
folklorique
hamam bain turc
hamamböceği cafard
hangi? quel?
hanım dame
hap pilule
hapis(h)ane prison
hapşırmak éternuer
harabeler ruines
harcamak dépenser
hardal moutarde
hareket etmek bouger
hariç sauf
harita carte
hassas sensible
hasta malade
hastabakıcı infirmière
hastalık maladie
hastane hôpital
haşlanmış yumurta œuf dur

TURC-FRANÇAIS

hata erreur; **benim hatam/onun hatası** c'est de ma faute/c'est de sa faute

hatıra souvenir

hatırlamak se souvenir de; **hatırlıyorum** je m'en souviens

hatta même

hava air; temps; **hava iyi** il fait beau; **hava soğuk** il fait froid

hava ceryanı courant d'air

havai fişek feux d'artifice

havalimanı aéroport

hava tahmini météo

havayolu compagnie aérienne

havlu serviette de bain

havuç carotte

havuz étang

hayal kırıklığına uğramış déçu

hayat vie

hayır non

hayret! alors !

hayvan animal

hayvanat bahçesi zoo

hazımsızlık indigestion

hazır prêt

hazırlamak préparer

haziran juin

hediye cadeau

hemen immédiatement

hemen hemen presque

hemşire infirmière

hemzemin geçit passage à niveau

henüz değil pas encore

her chaque; **her gün** tous les jours; **her ikisi de** tous les deux

herkes tout le monde

her neyse quand-même

herşey tout

her şey dahil tout compris

her yerde partout

herzaman toujours

hesap note; addition

hesap makinesi calculette

heyecan verici passionnant

hıçkırık hoquet

hırdavatçı quincaillerie

Hıristiyan chrétien; Chrétien

hırka gilet

hırsız voleur

hırsızlık vol

hız vitesse

hız göstergesi compteur

hızla vite

hızlı rapide

hız tahdidi limitation de vitesse

hiç: hiç bir şey rien; **hiç bir yerde** nulle part; **hiç bir zaman** jamais; **hiç ...'iz mi?** avez-vous jamais ... ?; **hiç kimse** personne; **hiç ... yok** je n'ai pas de ...; il n'y a pas de ...

hikaye histoire

hindi dinde

his sentiment

hisar fort

hissetmek sentir; **kendimi iyi/kötü hissediyorum** je me sens bien/mal

hitap etmek appeler

hizmet etmek servir

Hollanda Hollande; hollandais

hoş beau; joli; sympathique; agréable

horlamak ronfler

hostes hôtesse de l'air

hoşça kal au revoir

hoş geldiniz! bienvenue !
hoşlanmak aimer
huni entonnoir
hükümet gouvernement

ılık tiède
ırza geçme viol
ısırma morsure
ısıtma chauffage
ıslak mouillé
ısmarlamak commander
ıspanak épinards
ışık lumière
ızdıraplı douloureux
ızgara grillé; barbecue

iade etmek rendre
iç çamaşırı sous-vêtements
içeri intérieur; à l'intérieur
için pour; comme; parce que
içinde dans
içinden par
içki boisson
iç lastik chambre à air
içmek boire
içme suyu eau potable
içten sincère
idrofil pamuk coton hydrophile
iğne piqûre; aiguille
iğrenç dégoûtant; insupportable

ikamet séjour
iken pendant que
iki hafta quinzaine
iki kişilik oda chambre pour deux personnes
iki kişilik yatak lit pour deux personnes
ikinci sınıf seconde (classe)
iki yol ağzı embranchement
ikizler jumeaux
iklim climat
ilaç médicament
ile avec; et; par
ileri plus loin
iletmek faire suivre
ilginç intéressant
ilişki kurmak contacter
ilk premier; ilk olarak d'abord
ilkbahar printemps
ilk yardım premiers secours
imdat! au secours !
imkansız impossible
imza etmek signer
-in de
inanılmaz incroyable
inanmak croire
ince mince
incitmek faire mal
indirimli satış soldes
inek vache
İngiliz britannique; Britannique; anglais
İngiliz anahtarı clé anglaise
İngiltere Angleterre
inik lastik crevé
inmek descendre; atterrir
-in önünde devant
insan homme; insanlar gens
ip ficelle
ipek soie
iplik fil

TURC-FRANÇAIS

iptal etmek annuler
iri grand
iş travail
ishal diarrhée
iskemle chaise
İspanya Espagne
istakoz homard; langouste
İstanbul Boğazı Bosphore
istasyon gare
istemek vouloir; ... isterim
  je veux ...; ... ister
  misiniz?, ... istiyor
  musunuz? voulez-vous
  ... ?; ... istiyor(d)um
  j'aimerais ...
istiridye huître
İsviçre Suisse
iş affaires; emploi
işitme cihazı audiophone
iş seyahati voyage d'affaires
işsiz au chômage
işlek animé
iştah appétit
işte voilà
İtalya Italie
itfaiye pompiers
itmek pousser
iyi bon; bien; en iyi le/la
  meilleur(e); iyi akşamlar
  bonsoir; iyi geceler bonne
  nuit; iyi yolculuklar! bon
  voyage !
iyimser optimiste
iyi pişmiş bien cuit
izin vacances; permission
izin belgesi permis
izin vermek permettre;
  laisser

J

jambon jambon
jikle starter
jilet lame de rasoir

K

kaba grossier
kabadayı macho
kabarcık ampoule
kabin memuru steward
kabız constipé
kabuklu deniz ürünleri
  crustacés
kabul etmek accepter
kaburga côte
kabus cauchemar
kaçak fuite
kaçırmak rater
kaç tane? combien ?
kadar: ... kadar güzel aussi
  beau que ...; ...-e kadar
  jusqu'à ...
kadın femme
kadın bağı serviette
  hygiénique
kafatası crâne
kafeinsiz sans caféine
kağıt papier
kağıt mendil kleenex *mpl* (R)
kahvaltı petit déjeuner
kahve café
kahverengi marron
kakao cacao; chocolat chaud
kalabalık foule; bondé
kalan reste
kalça hanche; cuisse
kaldırım trottoir

103

kale château, fort
kalemtıraş taille-crayon
kalın épais
kalite qualité
kalkış départ
kalkmak se lever; décoller
kalmak rester; loger
kalorifer chauffage central
kalp cœur
kalp krizi crise cardiaque
kamara cabine
kamyon camion
kamyonet camionnette
kan sang
Kanada Canada
kanal canal
kanamak saigner
kanat aile
kan grubu groupe sanguin
kano canoë
kanun loi
kapak couvercle
kapalı fermé; éteint
kapamak éteindre; arrêter
kapatmak fermer
kapı porte
kapıcı portier
kap kaçak ustensiles de cuisine
kaporta capot
kaptan capitaine
kar neige
kara noir; terre
karaciğer foie
Karadeniz mer Noire
karanlık sombre
karar vermek décider
karbüratör carburateur
karınca fourmi
karışıklık pagaille
karıştırmak mélanger
karides crevette
karmaşık compliqué

karnabahar chou-fleur
karşı contre
karşılaşmak rencontrer
karşısında: kilisenin karşısında en face de l'église
karşıt contraire
kart carte
kartpostal carte postale
kartvizit carte de visite
kas muscle
kasa caisse
kasap boucherie
kase bol
kasetli teyp lecteur de cassettes
kasım novembre
kasket casquette
kaş sourcil
kaşık cuiller
kaşıntı démangeaison
kat étage
kavga bagarre
kavga etmek se battre
kavşak croisement
kavun melon
kaya rocher
kayak ski
kayak yapmak skier
kaybetmek perdre
kaybolmak disparaître
kaygan glissant
kaygı souci
kayık bateau (à rames)
kayınbirader beau-frère
kayınpeder beau-père (*père du conjoint*)
kayıp eşya bürosu objets trouvés
kayısı abricot
kaymak déraper; crème
kaynana belle-mère (*mère du conjoint*)

kaynatmak bouillir
kaz oie
kaza accident
kazak pull
kazanmak gagner
kebap brochette
keçe uçlu kalem stylo-feutre
keçi chèvre
kederli déprimé
kedi chat
kek gâteau
kel chauve
kelebek papillon
kelime mot
kemer ceinture
kemik os
kenar bord
kendi lui-même; elle-même; **kendi anahtarı** sa propre clef
kepenk volets
kere fois
kerevit langoustine
kerpeten pince
kesmek couper
kestane marron
kestirme raccourci
keyif humeur
Kıbrıs Chypre
kılçık arête
kına henné
kır campagne
kırık cassé; fracture
kırmak casser; vexer
kırmızı rouge
kırtasiyeci papeterie
kısa court
kıskanç jaloux
kış hiver
kıvırcık laitue
kıyı côte (*rive*)
kıyma viande hachée
kız fille

kızamık rougeole
kızamıkçık rubéole
kız arkadaş petite amie
kızarmış ekmek toast
kızartmak frire
kız(evlat) fille (*de parents*)
kızgın furieux
kızıl saçlı roux
kız kardeş sœur
kızlık adı nom de jeune fille
kız yeğen nièce
ki que; **sanıyorum ki ...** je pense que ...
kibrit allumette
kilim tapis
kilise église
kilit serrure
kilitlemek fermer à clé
kim? qui ?
kimin dont
kimlik kartı carte d'identité
kira loyer
kiralamak louer
kiralık à louer
kiraz cerise
kirli sale; pollué
kişi personne
kitap livre
kitapçı librairie
klima climatisation
klimalı climatisé
koca mari
kokmak, koklamak sentir
kokteyl cocktail
koku odeur
kol bras; poignée
kolay facile
koleksiyon collection
koli paquet
kol saati montre
koltuk değnekleri béquilles
kolye collier
kompartıman compartiment

komşu voisin(e)
konser concert
konserve açacağı ouvre-boîte
konsolosluk consulat
kontak allumage
kontak lens lentille de contact
kontrol etmek vérifier
konukseverlik hospitalité
konuşmak parler
korkmak: ...-den korkarım j'ai peur de
korku peur
korkunç épouvantable; scandaleux
korumak protéger
kostüm complet; tailleur
koşmak courir
kova seau
koymak mettre
koyun mouton
köpek chien
köpek balığı requin
köprü pont
kör aveugle
köşe coin
kötü mauvais; mal; **en kötü** le/la pire
köy village
kral roi
kraliçe reine
kramp crampe
krank mili vilebrequin
kredi kartı carte de crédit
krema crème
krem şantiye crème Chantilly
kriko cric
kuaför coiffeur
kulak oreille
kule tour
kullanmak utiliser
kulüp club
kum sable

kumanda tablosu tableau de bord
kumaş tissu
kumullar dunes
kurşun kalem crayon
kuru sec
kurulama bezi torchon à vaisselle
kurum société
kurumak se sécher
kuru temizleyici teinturier
kurutmak sécher
kuş oiseau
kuşet couchette
kuşkonmaz asperges
kutu boîte; carton
kuyruk queue; **kuyruk olmak** faire la queue
kuyumcu bijouterie
kuzen cousin
kuzey nord
kuzin cousine
kuzu agneau
küçük petit
külot slip
külotlu çorap collants
kül tablası cendrier
kümes hayvanları volaille
küpe boucles d'oreille
kütüphane bibliothèque
küvet baignoire

lahana chou
lamba lampe
lastik caoutchouc; pneu
lastik bant élastique
lastik çizmeler bottes de caoutchouc
lastik don couche (*de bébé*)

-le par; avec
lehçe dialecte
leke bouton; tache
likör liqueur
liman port
limon citron
limonata limonade
limonlu çay thé citron
lisan okulu école de langues
lokum loukoum
lütfen s'il vous plaît

maç match
maden suyu eau minérale
mağara grotte
makarna pâtes
makas ciseaux
makbuz reçu
makinist mécanicien
makul raisonnable
makyaj maquillage
makyaj malzemesi produits
 de beauté
-malı: . . .-malıyım je dois . . .
mal olmak coûter
mal sahibi propriétaire
manav marchand de légumes
mantar champignon(s);
 bouchon
manto manteau
manzara paysage; vue
mart mars
martı mouette
marul laitue
masa table
masa örtüsü nappe
masatopu ping-pong
masum innocent
matbua imprimé

mavi bleu
mayıs mai
mayo maillot de bain
mayonez mayonnaise
mazot gas-oil
mektup lettre
mektup kutusu boîte à lettres
-meli: . . .-meliyim/meli je
 dois/elle doit . . .
meme vermek allaiter
memnun content
mendil mouchoir
merak hobby
mercek objectif
merdiven échelle; escalier
merhaba bonjour
merhem pommade
mesaj message
mesane vessie
mesela par exemple
meşgul occupé
meteliksiz: meteliksizim je
 suis fauché
mevsim saison
meydan place
meyva fruits
meyvalı pay tarte
mezarlık cimetière
meze entrée
mide ventre; estomac; **mide
 ağrısı** maux d'estomac;
 midem bulanıyor je me
 sens mal
midilli poney
midye moules
minare minaret
minnettar reconnaissant
misafir invité
miyop myope
mizah humour
mobilya meubles
mocamp terrain pour
 caravanes

moda mode
modaya uygun à la mode
mola pause
moped mobylette
mor violet
moralim bozuk j'ai le cafard
motor moteur
motor kapak contası joint de culasse
motosiklet moto
muazzam super
muhafaza etmek garder
muhtemelen probablement
mum bougie
musluk robinet
mutfak cuisine
mutlu heureux
muz banane
mücevher(at) bijoux
mükemmel excellent; parfait
mümkün possible
mürettebat équipage
müsaade etmek permettre
müshil laxatif
Müslüman musulman; Musulman
müthiş fantastique
müze musée
müzik musique
müzik aleti instrument de musique

nasıl? comment ?
nasılsınız comment allez-vous ?
naylon yağmurluk K-way
nazik aimable; poli
ne? quoi?; **ne ...?** que ... ?; qu'est-ce que ...; **ne kadar?** combien ?; **ne haber?** ça va ?; **ne ... ne ... ni ... ni ...;** **ne zaman?** quand ?
neden cause; pourquoi
nedeniyle à cause de
nefes almak respirer
nefis délicieux; ravissant
nefret etmek détester
nehir rivière
nemlendirici krem crème hydratante
nemli humide
nerede? où?
niçin? pourquoi ?
nihayet enfin
nisan avril
nişanlı fiancé; fiancé(e)
Noeliniz kutlu olsun joyeux Noël !
not defteri cahier
numara numéro

N

nadide rare
nahoş désagréable
nakil transfert; transmission
nakit ödemek payer comptant
nargile narguilé

O

o il; elle; lui; ça; **o ... dir** il/elle/c'est ...
obdüratör obturateur
ocak cuisinière; janvier
oda chambre
oda hizmetçisi femme de chambre
o dö tuvalet eau de toilette
ofis bureau

oğlan garçon
oğul fils
okul école
okumak lire
olağan habituel
olay événement
oldukça assez, plutôt
olgun mûr
olmak être; devenir; se
  passer
omlet omelette
omuz épaule
ona lui
onda sur lui/elle *etc*
ondan de lui, d'elle
ondan sonra puis
onlar ils; elles
onlara leur
onlarda sur eux/elles *etc*
onlardan d'eux, d'elles
onları les
onların leur
onlarınki le/la leur
onu le; la
onun son, sa, ses
onunki le sien, la sienne
orada là-bas
orası, oraya là
ordu armée
orman forêt
orta centre; milieu
orta büyüklükte moyen
Orta Çağ moyen âge
orta pişmiş à point
Osmanlı ottoman;
  Ottoman(e)
ot herbe
otel hôtel
otobüs autobus
otobüs durağı arrêt
  d'autobus
otobüs terminali gare
  routière

otomatik automatique
otomobil voiture; **otomobile
  almak** emmener; **otomobil
  ile** en voiture
otomobil kiralama location
  de voitures
otopark parking
otostop stop
otostop yapmak faire du stop
otoyol autoroute
oturacak yer siège
oturmak habiter; s'asseoir
oturma odası living
oynamak jouer
oyun jeu; pièce de théâtre
oyuncak jouet

öbür gün après-demain
ödemek payer
ödemeli PCV
ödünç almak emprunter
ödünç vermek prêter
öfkeli fâché
öğle midi
öğleden sonra après-midi
öğle yemeği déjeuner
öğleyin midi
öğrenci étudiant(e)
öğrenmek apprendre
öğretmek enseigner
öğretmen professeur;
  moniteur; monitrice
öksürük toux
öksürmek tousser
öldürmek tuer
ölmek mourir
ölü mort *(adjectif)*
ölüm mort
ön avant

ön cam pare-brise
önce avant; d'abord; **üç gün önce** il y a trois jours
önem importance; **önemi yok** ça ne fait rien
önemli important
önermek conseiller
öpmek embrasser
öpücük baiser
ördek canard
örmek tricoter
örnek exemple; **örneğin** par exemple
örümcek araignée
övgü compliment
öyle si, tellement
öyleyse alors
özel privé
özellikle spécialement
özel ulak par exprès
özlemek: seni özledim tu me manques
özür dilemek s'excuser; **özür dilerim** je suis désolé
özürlü handicapé

padişah sultan
pahalı cher, coûteux
paket paquet; colis
paketlemek emballer
paket tur voyage organisé
palto manteau
pamuk coton
panayır foire
pansiyon pension
para argent
para cüzdanı portefeuille
para çantası porte-monnaie

parasını iade etmek rembourser
parça partie; morceau
park parc
park etmek se garer; stationner
park lambaları feux de position
parmak doigt
parmaklık barrière
parti fête
Paskalya Pâques
pasta gâteau
pastane café, bistro; pâtisserie
patates pomme de terre
patates kızartması frites
patlak lastik crevaison
patlıcan aubergine
paylaşmak partager
pazar dimanche; souk
pazar çantası cabas
pazartesi lundi
peçete serviette
pek: pek (fazla) değil pas trop; **pekaz** peu
pembe rose
pencere fenêtre
perde rideau
perhiz régime
perma permanente
peron quai
perşembe jeudi
peşin davance
peynir fromage
pikap platine
pil pile
pilav riz
pipo pipe
pire puce
pirinç riz (*cru*)
pirzola côtelette
pişirmek cuire

plaj plage
plak disque
plaka plaque minéralogique
plaster pansement adhésif
plastik çanta sac en plastique
platform quai
polis police
polis karakolu commissariat
polis memuru agent de
  police
politika politique
pompa pompe
pop müziği musique pop
popo derrière
porsiyon portion
portakal orange
portakal reçeli confiture
  d'orange
portatif yatak lit de camp
porto şarabı porto
posta courrier
postacı facteur
postalamak poster
postane poste
pozometre photomètre
pratik pratique
prens prince
prenses princesse
prezervatif préservatif
priz prise
protez dentier
pul timbre
puro cigare
puset poussette
pusula boussole

radyatör radiateur
radyo radio
rafadan yumurta œuf à la

coque
rahat confortable
rahatsız etmek déranger
rahip prêtre
randevu rendez-vous
ranza couchette; **ranzalar**
  lits superposés
razıyım je suis d'accord
reçel confiture
reçete ordonnance
rehber guide
renk couleur
renkli filim pellicule couleur
resepsiyoncu réceptionniste
resepsiyon réception
resim photo; peinture
resmi tatil jour férié
rezervasyon réservation
rıhtım quai
rimel mascara
Rodos Rhodes
rock müziği rock
rom rhum
Romanya Roumanie
romatizma rhumatismes
rota itinéraire
römork remorque
röntgen radio (*radiographique*)
ruj rouge à lèvres
Rum grec d'origine
Rusya Russie
rüya rêve
rüzgar vent

saat horloge; heure; **saat
  kaç?** quelle heure est-il ?;
  saat üçte à 3 heures
sabah matin; **sabah (saat)
  5de** à 5 heures du matin

sabahlık robe de chambre
sabun savon
saç cheveux
saç kurutma makinesi sèche-cheveux
saç spreyi laque
saç tıraşı coupe de cheveux
sadece seulement
sağ droite; vivant
sağanak averse
sağda à droit; ...'in sağında à droite de ...
sağır sourd
sağlığınıza! santé !
sağlıklı bon pour la santé
sağol à vos souhaits; merci
sahil rivage
sahip olmak avoir, posséder
sahte faux
sakal barbe
sakin tranquille
sakinleşmek se calmer
saklanmak se cacher
saklamak cacher
salata salade
salata sosu vinaigrette
salatalık concombre
saldırgan agressif
saldırı attaque
salı mardi
salyangoz escargot
saman nezlesi rhume des foins
sana te, à toi
sanat art
sanatçı artiste
sanat galerisi musée d'art
sanayi industrie
sandviç sandwich
sandviç ekmeği petit pain
saniye seconde
sanıyorum ki ... je pense que ...

saralı épileptique
saray palais
sardalye sardine
sargı pansement
sarhoş ivre
sarı jaune
sarışın blond
sarmak emballer
sarmısak ail
satılık à vendre
satın almak acheter
satış vente
satmak vendre
savaş guerre
sayfa page
saz musique turque; instrument de musique turc
sebze légume
seçmek choisir
seloteyp papier collant
semaver samovar
sempatik sympathique
semt quartier
sen tu
sende sur toi *etc*
senden de toi
seni te, toi
senin ton, ta, tes
seninki le tien, la tienne
sepet panier
serbest permis; libre
sergi exposition
serin frais
sert dur
servis ücreti service
servis istasyonu station-service
ses voix
sessizlik silence
sevgi amour
sevişmek faire l'amour
sevmek aimer
seyahat voyager

seyahat acentası agence de voyages
seyahat çeki chèque de voyage
seyirci public
seyretmek regarder
sıcak chaud
sıcaklık chaleur; température
sıçan rat
sıfır zéro
sığ peu profond
sığır eti bœuf
sıkıcı ennuyeux
sıkışmış coincé
sık sık souvent
sınıf classe
sınır frontière; limite
sırasında pendant
sırf gidiş aller simple
sırt dos
sırt çantası sac à dos
sıska maigre
sızıntı fuite
sigara cigarette
sigara içilen fumeurs
sigara içmek fumer
sigara içmeyenlere mahsus non-fumeurs
sigorta fusible; assurance
silecekler essuie-glace
silgi gomme
sinek mouche
sinema cinéma
sinema kamerası caméra
sinir hastası névrosé
sinir krizi dépression
sinirli nerveux
sinyal signal; clignotant
sipariş commande
sirke vinaigre
sis brouillard
sivilce bouton

sivrisinek moustique
siyah noir
siyah beyaz noir et blanc
siz vous
-siz sans
sizde sur vous *etc*
sizden de vous
size à vous
sizi vous
sizin votre, vos
sizinki le/la vôtre *etc*
soğan oignon
soğuk froid; **soğuk aldım** je suis enrhumé
soğuk algınlığı rhume
sokak rue
sokma piqûre (*d'insecte*)
sokmak piquer; insérer; pousser
sol gauche
solak gaucher
solda à gauche; **...'in solunda** à gauche de ...
som balığı saumon
somun écrou
somun anahtarı clé anglaise
son fin; dernier
sonbahar automne
sonra alors; après; puis; **bundan sonra** à l'avenir
sonradan ensuite
sormak demander
soru question
sorumlu responsable
sorun problème
sos sauce
sosis saucisse
soyadı nom de famille
söndürmek éteindre
sörf surf
söylemek dire
sözlük dictionnaire
söz vermek promettre

spiral spirale; stérilet
spor sport
spor ayakkabısı tennis (*chaussures*)
su eau
su kayağı ski nautique
Sultan Ahmet Camisi Mosque Bleu
suni artificiel
Suriye Syrie
susamak avoir soif; **susadım** j'ai soif
suyu: ... suyu jus de ...
süpermarket supermarché
süet daim
sünger éponge
sünnet circoncision
süpürge balai
sürahi pot
süre période
sürgü verrou
sürgülemek verrouiller
sürmek (araba) conduire
sürpriz surprise
sürücü automobiliste
süt lait
sütlü çikolata chocolat au lait
sütlü kahve café crème
sütsüz çikolata chocolat à croquer
sütyen soutien-gorge

şahane merveilleux
şair poète
şaka plaisanterie
şal châle
şamandıra bouée
şampuan shampoing

şans chance; **bol şanslar!** bonne chance !
şapka chapeau
şarap vin; **kırmızı/beyaz şarap** vin rouge/blanc
şarap listesi carte des vins
şarkı chanson
şarkı söylemek chanter
şaşırtıcı surprenant; étonnant
şato château
şayet si
şef patron
şeftali pêche (*fruit*)
şehir ville
şehir merkezi centre-ville
şeker sucre; bonbon
şeker hastası diabétique
şemsiye parapluie
şerefe! à la vôtre !
şey chose
şezlong chaise longue
şikayet etmek se plaindre
şilte matelas
şimdi maintenant
şimdiden déjà
şirket société
şişe bouteille
şişe açacağı ouvre-bouteille
şişman gros
şişmiş enflé
şoför ehliyeti permis de conduire
şok choc
şort shorts
şöyle-böyle comme ci comme ça
şu ce, cette; ça, cela; celui-là, celle-là
şubat février
şu ...-lar ces ...-là
şunlar ceux-là, celles-là

tabak assiette
taban plancher; base;
semelle
tabanca pistolet
tabii bien sûr
tabldot menu
tablet comprimé
tahta bois
takım équipe
takıp denemek essayer
takip etmek suivre
takma ad surnom
takvim calendrier
talep etmek exiger
talihin açık olsun! bonne
chance !
talk pudrası talc
tamam complet; d'accord;
(böyle) tamam ça va bien
tamamlamak finir
tamir etmek réparer
tam pansiyon pension
complète
tampon pare-chocs; tampon
tam zamanında à l'heure
tanık témoin
tanımak connaître;
reconnaître
tanıştırmak présenter;
tanıştığımıza memnun
oldum! enchanté !
tanıtmak introduire
taramak peigne
tarife horaire
tarih date; histoire
tarla champ
tas bol
taş pierre
taşımak porter

taşıt véhicule
tat arôme; goût
tatil vacances; yaz tatili
grandes vacances
tatlı doux; dessert
tatmak goûter
tava poêle
tavan plafond
tavla trictrac
tavsiye etmek recommander
tavşan lapin
tavuk poule
taze frais
tebrikler! félicitations !
tehlike danger
tehlike çıkışı sortie de
secours
tehlikeli dangereux
Tekel bayii marchand de
vins
tekerlek roue
tekerlekli araba chariot
tekerlekli sandalye fauteuil
roulant
tek gidiş aller simple
tek kişilik yatak lit pour une
personne
tek kişilik bir oda chambre
pour une personne
teklif etmek offrir
tekrarlamak répéter
tel fil de fer
telefon etmek téléphoner (à)
telefon kodu indicatif
telefon kulübesi cabine
téléphonique
telefon numarası numéro de
téléphone
telefon rehberi annuaire
telesiyej télésiège
telgraf télégramme
tembel paresseux
temiz propre

temizlemek nettoyer
temizleyici krem crème
  démaquillante
temmuz juillet
temsilci représentant
tencere casserole
tepe colline
tepsi plateau
tercüme etmek traduire
tereyağı beurre
tercih etmek préférer
terlemek transpirer
terlik(ler) pantoufles
terzi tailleur
tesadüfen par hasard
tesisatçı plombier
teşekkür ederim merci
teşekkür etmek remercier
teyp bande magnétique
teyze tante
tıkaç bonde
tıkalı bouché
tıraş fırçası blaireau
tıraş köpüğü mousse à raser
tıraş losyonu after-shave
tıraş olmak se raser
tırnak ongle
tırnak cilası vernis à ongles
tırnak kesme aleti coupe-
  ongles
tırnak törpüsü lime à ongles
tiksindirici insupportable
tirbuşon tire-bouchon
tişört T-shirt
tiyatro théâtre
tok: ben tokum je n'ai pas
  faim
ton balığı thon
top ballon; balle
toplantı réunion
toplu iğne épingle
toprak terre
topuk talon

tornavida tournevis
torun petit-fils; petite-fille
toz poussière; poudre
tüfek fusil
trafik circulation
trafik kanunu code de la
  route
trafik lambaları feux de
  signalisation
trafik tıkanıklığı
  embouteillage
tren train
Truva Troie
tuğla brique
turuncu orange
tutmak tenir; louer
tutuşturmak allumer
tutuklamak arrêter
tuvalet toilettes
tuvalet kağıdı papier
  hygiénique
tuz sel
tuzlu salé
tükenmez stylo à bille
tümüyle en tout
tünel tunnel
tüpgaz butagaz
Türk Turc; Turque; turc
Türkçe turc
Türkiye Turquie
Türk kahvesi café turc
tütün tabac

ucuz bon marché
uçak avion
uçakla par avion
uçak seferi vol
uçmak voler
ummak espérer

un farine
unutmak oublier
ustura rasoir
utanç honte; **utanç içinde** honteux
utandırıcı gênant
utangaç timide
uyandırmak réveiller
uyanık réveillé
uyanmak se réveiller
uykuda endormi
uyku ilacı somnifère
uykum geldi j'ai sommeil
uykusuzluk insomnie
uyku tulumu sac de couchage
uyruk nationalité
uyumak dormir
uyuşturucu drogue
uzak loin
uzaklık distance
uzanmak s'étendre
uzatma kablosu rallonge
uzmanlık spécialité
uzun long; **uzun boylu** grand; **uzun süre** longtemps
uzunluk longueur

ülke pays
ünlü célèbre
üstünde sur; au-dessus de
üst katta en haut
üstte en haut
üstünü değiştirmek se changer
ütü fer à repasser
ütülemek repasser
üvey anne belle-mère (*après remariage*)
üvey baba beau-père (*après remariage*)
üzgün triste
üzüm raisin

vadi vallée
vagon wagon
vajina vagin
vali gouverneur
vana valve
vanilya vanille
vantilatör kayışı courroie du ventilateur
vapur bateau à vapeur
var: ... **var** i! y a ...; ... **var mı?** est-ce qu'il y a ... ?; ...**-ınız var mı?** est-ce que vous avez ... ?
varış arrivée
varmak arriver
vatan pays natal
vazo vase
ve et
vejeteryen végétarien
vergi taxe
vermek donner; offrir
vestiyer vestiaire
veteriner vétérinaire
veya ou
vezne caisse
vida vis
video alıcısı magnétoscope
viraj virage
viski whisky
vişne griotte
vitaminler vitamines
vites vitesse
vites kolu levier de vitesses

vites kutusu boîte de vitesses
vize visa
vizör viseur
vurmak frapper
vücut corps

ya ... ya ... soit ... soit ...
yabancı étranger
yabancı dil kılavuzu guide
  de conversation
yabani sauvage
yafta affiche
yağ gras; huile
yağlı gras
yağmak pleuvoir
yağmur pluie; yağmur
  yağıyor il pleut
yağmurluk imperméable
Yahudi juif
yaka col
yakalamak attraper
yakın près de; en yakın ...
  le/la ... le/la plus proche
yakında près d'ici; bientôt
yakışıklı beau
yakıt deposu réservoir
yaklaşık environ
yalan söylemek mentir
yakmak brûler
yalnız seul; seulement
yan côté
yangın incendie
yangın söndürme cihazı
  extincteur
yanık brûlure
yanıt réponse
yanıtlamak répondre
yankeseci pickpocket

yanlış faux
yanlış anlama malentendu
yanmak brûler
yapı bâtiment
yapma artificiel
yapmak faire
yaprak feuille
yar falaise
yara blessure
yaralı blessé
yararlı utile
yardım aide
yardım etmek aider
yarım moitié; demi
yarım pansiyon demi-pension
yarım saat demi-heure
yarın demain; yarın
  görüşürüz à demain
yasa loi
yasak défendu
yastık oreiller
yaş âge; kaç yaşındasınız?
  quel âge avez-vous ?; 25
  yaşındayım j'ai 25 ans
yaşamak vivre
yaşlı vieux
yat yacht
yatak lit
yataklı vagon wagon-lit
yatak odası chambre à
  coucher
yatak takımı draps de lit
yatışmak se calmer
yatmak aller se coucher
yavaş lent
yavaşça lentement
yay ressort; arc
yaya piéton
yaya geçidi passage clouté
yayalara mahsus bölge zone
  piétonne
yayan à pied
yaz été

yazık c'est dommage; **ne yazık ki** malheureusement

yazı kağıdı papier à lettres

yazı makinesi machine à écrire

yazmak écrire

yedek lastik pneu de rechange

yedek parça pièce de rechange

yeğen neveu; nièce

yelken voile

yelkencilik voile (*sport*)

yelkenli bateau à voile

yelkenli sörf planche à voile

yemek plat; repas; manger

yemek listesi carte

yemek salonu salle à manger

yemek tarifi recette

yenge belle-sœur

yengeç crabe

yeni nouveau

Yeni Yıl Nouvel An; **Yeni Yılınız Kutlu Olsun** bonne année !

yepyeni neuf

yer siège; sol; **Valérie'nin yerinde** chez Valérie

yer ayırtmak réserver

yerfıstığı cacahuète

yeşil vert

yeter assez; **bu kadar yeter** ça suffit

yetişkin adulte

yıkamak laver

yıkanmak se laver

yıl année

yılan serpent

Yılbaşı Saint-Sylvestre

yıldız étoile

yıldönümü anniversaire

yiyecek nourriture

yoğurt yaourt

yok pas; **... yok** il n'y a pas de ...

yoksa sinon

yol sentier; chemin; route

yolcu passager

yolculuk voyage; excursion

yolcu otobüsü car

yol hakkı priorité

yol inşaatı travaux

yol işareti panneau de signalisation

yorgan duvet

yorgun fatigué

yön sens, direction

yönetici patron

yukarı là-haut

yumurta œuf

yumuşak doux

Yunan grec

Yunanistan Grèce

Yunanlı Grec; Grecque

yurt maison; foyer d'étudiants; **yurt dışında** à l'étranger; **yurdumu özledim** j'ai le mal du pays

yutmak avaler

yuvarlak rond

yüksek haut

yüksek sesle fort

yün laine

yürümek marcher

yürüyüş promenade; **yürüyüşe çıkmak** aller se promener

yüz visage

yüzde pour cent

yüz kremi crème de beauté

yüzme natation

yüzme havuzu piscine

yüzmek nager

yüzmeye gitmek se baigner

yüzük bague

yüzyıl siècle

TURC-FRANÇAIS

zaman temps; lorsque; **o zaman** alors
zamk colle
zarar vermek endommager
zarf enveloppe
zarif élégant
zatürree pneumonie
zayıf mince; faible
zehir poison
zeki intelligent
zemin kat rez-de-chaussée
zengin riche
zeytin olive
zeytinyağı huile d'olive
zil sonnette
zincir chaîne
ziyaret visite
ziyaret etmek visiter
zor difficile
zührevi hastalık maladie vénérienne

GRAMMAIRE

Une des caractéristiques particulières du turc est qu'on ajoute des suffixes ou des terminaisons aux mots pour les déterminer quand en français on utilise plusieurs mots pour déterminer un autre mot. Par exemple, quand on dit en français 'mon hôtel', en turc on ajoute au mot 'hôtel' une terminaison qui signifie 'mon' :

hôtel	otel
mon hôtel	otel-im

Ce phénomène concerne aussi les *PREPOSITIONS* :

depuis l'hôtel	otel-den

Pour dire 'dans mon hôtel', en turc on utilise deux suffixes :

hôtel	otel
dans mon hôtel	otel-im-de

Un autre point important concerne la notion d'*HARMONIE VOCALIQUE*. Ceci signifie que les voyelles d'une terminaison ajoutée à un mot doivent être du même type que la voyelle finale du mot auquel elle est ajoutée.

voyelle finale	doit être suivie de
o/ı	a ou ı
o/u	a ou u
e/i	e ou i
ö/ü	e ou ü
à l'hôtel	otele
à la plage	plaja

L'*ARTICLE INDEFINI* (un, une) et le chiffre (un) se disent de la même manière : **bir**

bir ev	une maison

Il n'y a pas d'*ARTICLE DEFINI* (le, la) en turc :

ev	la maison

GRAMMAIRE

On forme le *PLURIEL* en ajoutant **-ler** ou **-lar** au nom :

voyelle finale	terminaison du pluriel
e, i, ö, ü	**-ler**
a, ı, o, u	**-lar**

ev	maison	**evler**	maisons
göz	œil	**gözler**	yeux
dalga	vague	**dalgalar**	vagues
kadın	femme	**kadınlar**	femmes

Le suffixe du pluriel se place toujours avant tous les autres suffixes. Quand, en turc, le nom renvoie à un groupe de choses générales ou indéfinies, par exemple dans la phrase 'manger des pommes' ou 'vendre des voitures', on n'utilise pas le suffixe du pluriel, mais le nom simplement au singulier. De même, la forme du pluriel n'est pas utilisée quand un nom est précédé d'un chiffre (le pluriel étant alors tout à fait explicite) :

> **iki bardak/kadın**
> deux verres/femmes

Il y a six *CAS* en turc : le nominatif, l'accusatif, le génitif, le datif, le locatif et l'ablatif.

Le *nominatif* est la forme que l'on trouve dans la section dictionnaire de ce livre et il n'a pas de terminaison. On reconnaît les autres cas par les terminaisons et les suffixes. Ces suffixes doivent suivre les règles d'harmonie vocalique, c'est-à-dire s'adapter selon la voyelle de la syllabe précédente.

dernière voyelle du mot au nominatif	e/i	ö/ü	a/ı	o/u
acc	**-(y)i**	**-(y)ü**	**-(y)ı**	**-(y)u**
gén (de)	**-(n)in**	**-(n)ün**	**-(n)ın**	**-(n)un**
dat (à, pour)	**-(y)e**	**-(y)e**	**-(y)a**	**-(y)a**
loc (à, dans, sur)	**-de**	**-de**	**-da**	**-da**
abl (de, depuis)	**-den**	**-den**	**-dan**	**-dan**

Remarquez que pour les mots se terminant par une voyelle, on ajoute une lettre de liaison (indiquée en parenthèse) entre la racine du mot et le suffixe.

Le *nominatif* est le cas du sujet de la phrase :

> **l'hôtel est très agréable**
> otel çok iyi

GRAMMAIRE

L'*accusatif* est le cas du complément d'objet direct :

> **j'aime l'hôtel**
> oteli beğendim

Remarquez qu'en turc, lorsqu'un nom est utilisé comme complément d'objet direct d'un verbe, il reste au nominatif quand il renvoie à un groupe de choses et non à un objet en particulier :

çay içtim	j'ai bu du thé

mais:

mektubu aldım	j'ai reçu les lettres

Le *génitif* est le cas de la possession :

> **le nom de l'hôtel**
> otelin adı

Le datif est utilisé pour rendre le complément d'objet indirect, pour indiquer le mouvement vers quelque chose ou quelqu'un :

> **pouvez-vous m'emmener à l'hôtel ?**
> beni otele götürür müsünüz?

Le *locatif* est utilisé pour exprimer l'endroit ou la position dans ou sur quelque chose :

> **il n'est pas à l'hôtel**
> otelde değil

L'*ablatif* exprime l'idée de provenance 'de' ou 'hors de':

> **il est sorti de l'hôtel**
> otelden çıktı

Les ***ADJECTIFS*** se placent avant le nom. Ils ne prennent aucune terminaison :

büyük ev	la grande maison
hasta adam	l'homme malade
büyük evler	les grandes maisons

Le ***COMPARATIF*** des adjectifs se forme en ajoutant **daha** devant l'adjectif et le ***SUPERLATIF*** se forme en ajoutant **en**. Il n'y a pas de différence entre les adverbes et les adjectifs en turc. Si, par exemple, votre comportement est **iyi** (bon, correct), vous vous comportez **iyi** (bien, correctement) :

uzun	long	**iyi**	bien, bon
daha uzun	plus long	**daha iyi**	mieux
en uzun	le plus long	**en iyi**	le meilleur

GRAMMAIRE

'aussi . . . que . . .' est **. . . in kadar**, et suit la règle d'harmonie vocalique :

> **şu bunun kadar pahalıdır**
> celui-là est aussi cher que celui-ci

'plus . . . que . . .' est **-den** ou **-dan**, et suit la règle d'harmonie vocalique :

> **il est plus grand que moi**
> o benden daha büyük

Les *DEMONSTRATIFS*, adjectifs et pronoms, sont :

bu	celui-ci (près de celui qui parle)
şu	celui-là (un peu plus loin)
o	celui-là (là-bas, hors de vue)

On ajoute un **n** devant les suffixes :

buna vers celui-ci **şundan** depuis celui-là **onlar** ceux-là

Les *PRONOMS PERSONNELS* sont :

nom	je	**ben**	tu	**sen**	il/elle	**o**
acc	me	**beni**	te	**seni**	le/la	**onu**
gen	à moi	**benim**	à toi	**senin**	à lui etc	**onun**
dat	à/vers moi	**bana**	à/vers toi	**sana**	à/vers lui etc	**ona**
loc	en/dans moi	**bende**	en/dans toi	**sende**	en/dans lui etc	**onda**
abl	de moi	**benden**	de toi	**senden**	de lui etc	**ondan**

nom	nous	**biz**	vous	**siz**	ils/elles	**onlar**
acc	nous	**bizi**	vous	**sizi**	leur	**onları**
gén	à nous	**bizim**	à vous	**sizin**	à eux etc	**onların**
dat	à/vers nous	**bize**	à/vers vous	**size**	à/vers eux etc	**onlara**
loc	en/dans nous	**bizde**	en/dans vous	**sizde**	en/dans eux etc	**onlarda**
abl	de nous	**bizden**	de vous	**sizden**	d'eux etc	**onlardan**

ceci est pour toi	bu senin için
je t'ai vu	seni gördüm
une lettre d'eux	onlardan mektup

Les pronoms personnels sujets sont souvent omis car la terminaison des verbes indique très clairement qui est le sujet :

> **dün geldim**   je suis venu hier

GRAMMAIRE

Mais on les utilise pour renforcer une affirmation :

c'est lui qui l'a fait !
o yaptı!

Les *ADJECTIFS POSSESSIFS* (son, sa, mes etc) apparaissent sous forme de suffixes ajoutées à la fin des noms, selon les règles d'harmonie vocalique :

	après consonnes	*après voyelles*
mon	-im/ım/um/üm	-m
ton	-in/ın/un/ün	-n
son/sa	-i/ı/u/ü	-si/sı/su/sü
notre	-imiz/ımız/umuz/ümüz	-miz/mız/muz/müz
votre	-iniz/ınız/unuz/ünüz	-niz/nız/nuz/nüz
leur	-leri/ları	-leri/ları

ev-im	ma maison
kız-ın	ta fille
kol-u	son bras
otobüs-üm	mon bus
anne-m	ma mère

Les terminaisons des noms au pluriel sont ajoutées avant les terminaisons des adjectifs possessifs :

çocuk-lar-ınız   vos enfants

Mais toutes les autres terminaisons sont ajoutées après les terminaisons des adjectifs possessifs :

ceb-im-de	dans ma poche
göz-ler-iniz-in rengi	la couleur de vos yeux

On peut aussi employer les adjectifs possessifs suivants (en plus des terminaisons données ci-dessus) pour renforcer un rapport de possession :

benim	mon, ma, mes	**bizim**	notre, notres
senin	ton, ta, tes	**sizin**	votre, votres
onun	son, sa, ses	**onların**	leur, leurs

c'est MON sac !
o benim çantam!

Les *PRONOMS POSSESSIFS* sont :

benimki	le mien etc	**bizimki**	le nôtre etc
seninki	le tien etc	**sizinki**	le vôtre etc
onunki	le sien etc	**onlarınki**	le leur etc

benimki nerede?		où est le mien ?
sizinki bu mu?		c'est le vôtre ?

GRAMMAIRE

Le *PRESENT* du *VERBE 'ETRE'* se forme en ajoutant les terminaisons suivantes au mot (au lieu d'être un mot différent). Les suffixes sont sujets à la loi d'harmonie vocalique.

	après e/i	*après* a/ı	*après* ö/ü	*après* o/u
je suis	-(y)im	-(y)ım	-(y)üm	-(y)um
tu es	-sin	-sın	-sün	-sun
il/elle est	-dir	-dır	-dür	-dur
nous sommes	-(y)iz	-(y)ız	-(y)üz	-(y)uz
vous êtes	-siniz	-sınız	-sünüz	-sunuz
ils/elles sont	-(dir)ler	-(dır)lar	-(dür)ler	-(dur)lar

hastayım	je suis malade
yorgun-sun	tu es fatigué
üzgün-üz	nous sommes désolés

Dans le langage parlé, **dir** et **(dir)ler** ne sont pas utilisés :

Ali Ankara'da	Ali est à Ankara
Ayşe evde	Ayşe est à la maison
o nerede?	où est-il ?

Le *PASSE* du verbe 'être' se forme de la manière suivante :

j'étais	**idim**	nous étions	**idik**
tu étais	**idin**	vous étiez	**idiniz**
il/elle était	**idi**	ils/elles étaient	**idiler**

On utilise ces mots comme des suffixes dans la conversation ou comme des mots indépendants. Quand ils sont utilisés comme suffixes, le i disparait et se transforme en y après les voyelles, le reste du mot se pliant aux règles d'harmonie vocalique :

hasta idi	**hastaydı**	il était malade
yorgun idik	**yorgunduk**	nous étions fatigués
sinemada idim	**sinemadaydım**	j'étais au cinéma

La forme *INFINITIVE* des verbes turcs est la forme donnée dans la section dictionnaire de ce livre, par exemple :

gelmek	venir
görmek	voir
bakmak	regarder

Si l'on enlève les terminaisons **-mek** ou **-mak**, on obtient la *RACINE* du verbe : **git-**, **gör-** et **bak-**.

GRAMMAIRE

Pour former la troisième personne du singulier du *PRESENT*
(il vient, il voit, il regarde) on ajoute le suffixe **-yor** précédé de
i/ı/u/ü selon la voyelle précédante (règle d'harmonie
vocalique) :

gel-i-yor	il vient
bak-ı-yor	il regarde
gör-ü-yor	il voit

Pour former les autres personnes du présent, on ajoute les
terminaisons du verbe 'être' (voir page 126) à cette forme de
base de la troisième personne du singulier :

geliyor-um je viens	**geliyor-uz**	nous venons
geliyor-sun tu viens	**geliyor-sunuz**	vous venez
geliyor il/elle vient	**geliyor-lar**	ils/elles viennent

Pour former les autres *TEMPS*, on ajoute un suffixe de temps à
la racine du verbe. On obtient alors la troisième personne du
singulier du temps désiré, et on ajoute à cette forme la
terminaison correspondant à la personne (comme on l'a vu
pour le présent).

Pour le *PASSE*, le suffixe est **-di** (ou, selon la loi d'harmonie
vocalique, **-dı/-du/-dü**) :

gör-dü-m	j'ai vu	**gör-dü-k**	nous avons vu
gör-dü-n	tu as vu	**gör-dü-nüz**	vous avez vu
gör-dü	il/elle a vu	**gör-dü-ler**	ils/elles ont vu

Pour le *FUTUR*, le suffixe est **-ecek** ou **-acak** auquel on ajoute
les terminaisons du verbe 'être'. Un **k** entre deux voyelles
devient **ğ** :

gel-eceğ-im	je viendrai
gel-ecek-sin	tu viendras
gel-ecek	il/elle viendra
gel-eceğ-iz	nous viendrons
gel-ecek-siniz	vous viendrez
gel-ecek-ler	ils/elles viendront

L'équivalent en turc du verbe *AVOIR* se forme en ajoutant les
terminaisons de la forme des adjectifs possessifs aux mots
désignant les choses possédées et en ajoutant **var** à la fin de la
phrase pour 'avoir' et **yok** pour 'ne pas avoir' :

j'ai une maison	bir evim var
il n'a pas de voiture	arabası yok

GRAMMAIRE

Au passé, **var** devient **vardı** et **yok** devient **yoktu** :

hiç param yoktu	je n'avais pas d'argent
bir elma ağacımız vardı	nous avions un pommier

Pour poser une *QUESTION*, on ajoute **-mi/-mı/-mu/-mü** (selon la règle d'harmonie vocalique) à la fin de la phrase affirmative :

Ali bu filmi gördü	Ali a vu ce film
Ali bu filmi gördü mü?	est-ce que Ali a vu ce film ?

Pour les phrases employant le verbe 'être' et un adjectif, par exemple :

hasta sın	tu es malade

la question se forme de cette manière :

(sen) hastasın	tu es malade
hasta mısın?	est-ce que tu es malade ?

Pour exprimer qu'on demande la confirmation d'une affirmation on utilise **değil mi?** :

Ali bu filmi gördü, değil mi?	Ali a vu ce film, n'est-ce pas ?

La forme *NEGATIVE* d'un verbe s'obtient en plaçant **-ma** ou **-me** directement après la racine du verbe et avant toute autre terminaison. Si la terminaison commence avec un **y** (comme au présent par exemple) le négatif est alors obtenu à partir de **-mi**, **-mı**, **-mü**, **-mu** selon la règle d'harmonie vocalique.

seni gördük	nous vous avons vu
seni görmedik	nous ne vous avons pas vu
gelecek	il viendra demain
gelmiyecek	il ne viendra pas demain
biliyorum	je sais
bilmiyorum	je ne sais pas

La forme négative du verbe 'être' est obtenue à partir du mot **değil** (prononcé : *dèile*) et des suffixes utilisés pour former le verbe 'être' :

yorgun değilim	je ne suis pas fatigué
yorgun değilsin	tu n'es pas fatigué
yorgun değil (dir)	il/elle n'est pas fatigué(e)
yorgun değiliz	nous ne sommes pas fatigués
yorgun değilsiniz	vous n'êtes pas fatigués
yorgun değil (dir)ler	ils/elles ne sont pas fatigué(e)s